KB161488

극진영업
세계 시장을 깨다

극진영업
세계 시장을 깨다

⊙ 류태헌 지음 ⊙

페이퍼로드
paperroad

지난 시절 내가 LG 전자의 최고경영자로 일할 때 최고의 회사가 되려면 최고의 인재가 필요하다고 역설한 바 있다. 회사를 최고로 만드는 인재를 'Right People'이란 개념으로 구체화하여 회사의 혁신을 추진했는데, 류태헌 군을 어떠한 상황에서도 최고의 성과를 만들어 내는 'Right People'의 전형으로 소개한 적이 많았다.

류 군은 아프리카 사업을 할 때 진정으로 시장을 이해하고 애정을 가지려면 '아프리카인들의 체취마저 향기로워야 한다'는 말로 사람들을 감동시켰던 장본인이기도 했다. 그 뒤에 나는 여러 번 그 말의 의미를 물었고, 그의 대답은 한결같았다. '시장을 마음속 깊이 사랑하고 이해하면 어떠한 것도 소중하게 느껴진다.'는 그의 말은 언제 들어도 특별한 감동을 주었다.

중동과 아프리카 그리고 구소련의 나라들은 지금도 만만치 않은 험지겠지만, 군이 근무하던 당시는 지금과는 비교도 되지 않을 정도의 오지였다. 그러나 군은 그런 곳에서 최고의 성과를 냈다. 시장에 대한 애정은 물론이고 그 시장에 맞는 최적의 전략과 그것을 실행해내는 추진력 역시 갖췄기 때문이다.

이 책을 보니 류태헌군이 시장과 비지니스에 대한 이해뿐만 아니라 그 시장을 둘러싸고 있는 역사와 문화를 꿰차고 있음을 알 수 있었다. 영업과 마케팅 등 비즈니스 활동은 단순한 것이 아니다. 비즈니스란 단순히 물건을 팔기 위한 활동만이 아니라 해당 지역 사람들의 문화, 역사, 정치 등 세상의 모든 것을 파악하고 있어야 한다. 이 책은 그 내용과 과정을 담고 있다. 영업을 위한 지침서도 되겠지만 세상을 이해하고 사랑하는 방법도 고스란히 들어 있음을 느낄 수 있다. 또한 회사의 업무뿐만 아니라 현지 교민들의 사업까지 파악하면서 성공적인 현지 사업을 위한 제안도 하고 있다. 국민 기업으로 해외에서 일하는 이런 대기업 간부의 자세도 보기에 좋았다. 류태헌군이 가진 영업과 경영자적 경험이 사회에 최대한 환원되어 더 좋은 세상을 만드는 데 지속적으로 공헌했으면 하는 마음이다.

김쌍수(前 LG 전자 CEO, 부회장)

저자 서문

영업인의 삶을 30년 꼭 채우고, 퇴임한 게 지난 3월이다. 전쟁 같은 영업현장을 떠나면서 30년 만에 나를 돌아보기 시작했다. 그러면서 지난 30년간 틈틈이 기록해놓은 영업노트 100여 권을 찾아보았다. 영업노트를 들추다 보니 이미 기억의 저편으로 사라진 일들이 꽤나 많았음을 알게 되었다. 그러나 여전히 많은 사건들이 마치 엊그제의 일처럼 생생하게 떠올랐다. 그 기억 속 사건들을 현실로 소환하면서 나는 오랜 전쟁을 거쳐 퇴역한 노병이 된 것 같은 느낌을 받았다.

물론 나는 퇴역한 노병이 아니다. 백세 인생을 말하는 시대에 60도 안 된 내가 노병 코스프레를 하기에는 너무 이르다. 무엇일지는 몰라도 해야 할 일이 아직도 많이 남은 것 같다. 그것이 무엇이든 내가 지금까지 살아온 것과 완전히 다른 일은 아닐 것이다. 그래서 그것을 위해서라도 지난 30년 영업인으로서의 삶을 의미있게 정리해 봐야겠다는 생각이 들었다.

그러고선 평소 습관처럼 주위에 책을 쓰겠다고 주위에 알렸다. 그런 약속을 해야 압박감도 들고 추진력이 생기기 때문이다.

'아 내 입의 가벼움이여~.'

사실 글을 쓴다는 것은 어려운 일이 아니다. 자기만 보는 일기 같은 것이라면 말이다. 그러나 미지의 독자라는 고객을 염두에 두고, 메시지를 전달해야 하는 상황이 되고 보면 이미 글의 의미는 달라진다. 글 쓰는 일이 무서운 일임을 무겁게 깨달아 가고 있다.

이 세상에는 넘쳐나는 게 책인데, 나마저도 그 더미 위에 새로운 한 권의 책을 보태서는 안 된다는 생각을 하니 시간이 갈수록 집필에 대한 중압감이 더해 왔다. 두어 달이 지나면서부터 친구들이 아예 대놓고 언제 나오느냐고 마치 선불 내고 예약 상품 기다리는 고객처럼 나를 독촉하기에 이른다. 그때마다 나는 곧 나온다는 하얀 거짓말을 하며, 이제는 돌이킬 수 없는 길로 접어들었으니 마음 다잡고 글을 쓰자고 스스로를 독려했다. 하지만 전문 작가도 아닌 내가 그런다고 글이 쉬 나올 것 같지도 않았다.

그래도 마침내 책이 나왔다. 진통을 오래 겪었다고 늘 옥동자가 나오는 것은 아니다. 그러나 남의 눈에는 어떻게 보이든 내게는 옥동자가 되면 된다. 그게 아이를 낳은 모든 부모의 심정일 것이다. 이제 나의 첫 아기가 나왔으니, 나는 그 자체로 기뻐하며 평가는 독자들에게 맡기고

자 한다.

　책이 나오는 데까지 도와 주신 분들이 참으로 많다. 김쌍수 부회장님, 이영하 사장님, 신문범 사장님, 노환용 사장님, 안성덕 사장님 등과 같이 이미 LG를 떠나셨거나 자문역으로 계시는 분들과 현업에 계시는 많은 분들의 격려가 없었다면 원고 작업을 계속할 수 없었을 것이다. 이 책이 세상에 나오는 데 결정적인 역할을 해주신 페이퍼로드 출판사의 최용범 대표와 이우형 주간의 세심한 협조와 지원으로 이 모든 게 가능했기에 무엇보다 감사드린다. 끝으로 세상을 참 힘들게만 사는 나를 단 한순간도 믿음과 사랑을 잃지 않고 보듬어 준 아내 권금선에게 이 책을 바친다. 이 순간에도 영업 현장에서 노심초사하는 모든 영업인에게 파이팅을 외친다.

2017년 11월　류태헌

차례

추천의 글 · 5
저자 서문 · 7

프롤로그 : 사막, 설원 그리고 밀림에서 펼쳐진 1만 1천 일의 영업 이야기 · **15**
운명 / 인생을 바꾼 만남 / 560만 킬로미터의 항공 마일리지, 18개의 여권, 19년 간의 해외 영업 / 남들이 가지 않는 길을 가는 지혜

Stage 1

해외 영업을 한다는 것

새로운 세상 속으로 · **25**
수만 피트 상공 위에서의 다짐 / 피정복민의 사고 구조 CEO의 마음을 낚다 / 미래의 성공을 위한 묘수

해외 영업을 한다는 것 · **35**
모르는 나라에서 약속이 어긋나다 / 난생 처음 300달러짜리 스위트룸에서 / 무책임한 장사꾼 성공의 확신이 있다면 과감한 승부수를 / 해외 영업을 한다는 것 BIZBRUNCH 알제리의 포도주는 왜 그리 붉을까?

사해에서 황금 물고기를 낚다 · 46

마그레브 시장을 누비다 / 안 되면 되게 하라는 유산 / 자부심과 깨달음 / '죽음의 바다'에 사는 황금 물고기 / 남들이 주목하지 않는 곳에서 알짜배기 기회가 열린다

BIZBRUNCH 리비아 수박

시장이 없으면 만들어서 선점한다 · 55

튀니지 지사장으로 부임하다 / '듣보잡(듣도 보도 못한 잡스러움)'을 넘어서 / 주력 세탁기의 시장이 없다! / 변방의 고독한 사업가 페티 하시샤 / 시장이 없으니 만들어서 선점한다 / 사업은 가도 우정은 남는다

BIZBRUNCH 1990년 초반 중동 아프리카의 풍경

우리가 글로벌 시장에서 쓰러지지 않는 이유 · 66

5년 만의 금의환양 / 세계화를 추진할 수 없는 이유 / 우회로 / 기술 혁신의 꽃, 다이렉트 드라이브 / "돈이 없지, 가오가 없냐!" / 고졸 신화 J부회장

최초의 패배 · 77

사우디 체질이 아니다 / 개혁의 메스를 들이대다 / 매장과 회의 / 치욕 / 문화 충돌은 없다 / 다시 어금니를 깨물다

BIZBRUNCH 새로운 음식을 즐기는 방법 – 음식이 인도하는 새로운 세계

Stage 2
성공한다는 것, 실패한다는 것

호랑이 사냥에 나서다 · 93

환영받지 못한 아프리카 부임 / 아프리카에서의 삶이란? / 아비장을 버리자! / 호랑이 사냥이 시작되다

BIZBRUNCH 아비장에서의 위험천만했던 순간

마침내 정상에 오르다 · **102**

처참한 시장 조사 결과 / 원대한 구상 / 무엇을 공략할 것인가? / 스스로 빛을 내는 별 / 마침내 정상으로

BIZBRUNCH **코끼리의 지혜로운 눈을 가진 통 큰 사업가 후아니**

극진 가라테에서 영업의 길을 찾다 · **114**

새로운 전장으로 / 참호 속에서 꺼내든 파이터의 비결 / 상대의 약점에 대한 1대 1 대응 / 경쟁자가 쌓은 둑을 무너뜨리는 방법 / 업(業)의 본질

BIZBRUNCH **우크라이나의 미녀 군단**

하늘이 무너져도 제품을 팔 수 있는 조직이 있다면? · **126**

새로 부임해 온 장수 / 다른 세상을 보여주기 / 이기는 조직 설계 / "We are the champions!" / 위기에서 회생하다 / 어떤 상황에서도 제품을 팔 수 있는 조직

BIZBRUNCH **이상한 나라 우크라이나**

미국 시장에서 길을 잃다 · **138**

미국 시장의 문을 두드리다 / 최악의 실패 / 전략 방향의 치명적 오류 / 오만함에 대한 징벌과 시장의 무서움

시장의 속살을 헤집어라 · **146**

시장에 대한 선입견 / "레바논은 나라가 아니다! / 레바논 시장의 속사정 / 고급 지향의 승부 / 시장의 속살을 헤집어라

BIZBRUNCH **아프리카의 인도인, 중동인, 중국인**

이라크에서 영업의 지혜를 구하다 · **156**

이라크의 역사를 시장으로 불러내다 / TV 사업에서 목표를 실현하다 / '수메르'란 이름의 지니 / 트렌드의 향방을 예측하라! / 시간 속의 금자탑

BIZBRUNCH **이라크 사업이 선사한 선물 리스트**

세상에서 가장 강력한 성공의 방식 · **167**

전쟁 속의 광고판 / IS와 우리가 닮은 점, 다른 점 / 사라진 김군을 찾아라 / 세상이 두 쪽 나도 소비자는 버리지 않는다 / '언제나 소비자' 정신

BIZBRUNCH **시리아 고통의 역사**

Stage 3
대기업에서 임원으로 산다는 것

남이 하지 않아야 내가 성공한다 · **181**

아프리카로 오겠다던 C군 / 아프리카에서 만난 K / 특별한 삶을 위한 선택 / 모두가 죽을 만큼 열심히 사는 세상에서 성공하기

세상의 끝이 아닌 새로운 시작의 에너지 · **187**

지옥의 예찬자? / 누구에게나 자기만의 '아프리카'가 있다

아프리카는 한국 중소기업의 신천지가 될 수 있을까? · **192**

위기의 한인 사회 / 대한민국 중소기업, 대체 그들은 어디에? / 아프리카에 황색 파도가 밀려온다 / 야생성을 되찾은 중소기업이 필요하다

BIZBRUNCH 정글 속 추장과의 만남- "너희들은 이제 보호받노라!"

살아남기 위해 악마와 손잡기? · **202**

연말이 괴로운 이유 / 악마와 은밀한 속삭임 / 임금인가? 고용인가? / 주도적으로 일을 한다

BIZBRUNCH 아프리카 개미집에 관한 단상

영업에 관해 잘못 알려진 상식들 · **211**

손해 보는 장사 없다 / 영업인은 늘 거짓말을 한다 / 자원 절약은 무조건 선(善)이다 / 저 친구는 내가 키웠어 / 후진국 사업이 더 어렵다 / 골목 상점이 더 인간적이다

대기업에서 임원으로 산다는 것 · **222**

영업을 한다는 것 / 세상에 원-윈은 존재하는가? / 사업을 한다는 것 / 대기업에서 임원으로 산다는 것

스페셜 스테이지
비즈니스 인사이트

비즈니스 인사이트1 영업은 전략이다 · **233**

너 자신을 알라 / 선도자 / 추종자 / 신참자 / 3C 분석과 4P 전략도 마찬가지다

비즈니스 인사이트 2 선점하라 · **238**

선점자란 누구인가? / 선점은 STP에서 시작한다 / 선점자에게 주어지는 과실은 크다

비즈니스 인사이트 3 핵심역량은 영업에서도 통한다 · **242**

선점했다면 핵심 역량으로 지켜라

비즈니스 인사이트 4 브랜드를 구축하라 · **246**

이기는 영업의 완성은 브랜드 구축 / 브랜드 인지도 높이기 / 그놈의 가성비란 말을 없애야 고급 브랜드가 산다 / 고급 마케팅은 브랜드 마케팅이다 / 스마트폰 전략은 결국 브랜드 포지셔닝 전략 / 일등을 넘어 일류 브랜드로

사막, 설원, 그리고 밀림에서 펼쳐진
1만1천 일의 영업 이야기

운명

초등학교를 다니던 시절이었다. 내가 나고 자란 밀양이라는 곳은 지금도 촌이지만, 그때는 시골 정취가 더욱 물씬 풍기던 곳이었다. 안개가 낀 날이나 비가 올 듯한 때면 멀리 떨어진 밀양역에서 기적소리가 가깝게 들렸다. 까까머리 소년이던 나는 그때마다 먼 곳 어딘가를 한없이 동경했다.

어느 날엔 꿈을 꾸었다. 나는 집을 떠나 아득히 먼 들판으로 하염없이 걸어가고 있었다. 멀리서 엄마가 손을 흔드는 모습이 자꾸만 작아졌다. 나는 두렵고 슬픈 마음에 눈물을 흘리며 잠에서 깨어났다. 얼마나 생생했던지 깨어난 뒤에도 가슴 전체가 뻐근할 정도였다. 그런데 지금 생각해 보면 그 꿈은 예지몽이었을지도 모르겠다. 세계를 140바퀴이상 돌만큼 고단하면서도 화려했던 영업인으로서의 삶을 예지한 꿈

말이다.

　돌이켜보면 하고 싶은 것이 딱히 없었던 대학교 2학년 시절에 내 운명은 결정됐던 것 같다. 겨울 방학이 시작되던 날 학교를 나서는 길에 우연히 카투사 지원병 모집 공고가 붙은 학교 게시판에 시선을 붙들린 것이다. 대뜸 지원을 하고 시험을 쳤는데 또 덜컥 붙어버렸다. 그래서 시작한 카투사 생활, 거기서 얻은 영어 회화 능력이 결국은 평생의 자산이 될 줄은 그때만 해도 상상하지 못했다.

　운명의 순간은 또 있다. 졸업을 코앞에 두고 나는 이곳저곳을 기웃거리다가 공채를 통해 럭키금성그룹(현 LG그룹)에 입사했다. 지금 생각하면 신통한 일이었다. 당시는 성장 국면에 있던 한국의 대기업들이 국제 무대에 본격적으로 나서기 시작하는 시기였다. 자연스레 많은 인력이 필요한 때여서 나도 어렵지 않게 합격할 수 있었다.

　그런데 입사한 초기 나는 전혀 만족할 수 없었다. 처음 내가 배치받았던 부서는 전기 부품을 수출하는 곳이었다. 내가 담당했던 제품 중에서 모터와 콤프레서를 제외한 타이머, 스위치, 파워 코드 등은 모두 협력업체에서 만드는 부품들이었다. 이를테면 나는 그들의 수출 대행 업자였던 셈이다. 회사에 대한 공헌도도 없었고, 따라서 존재감도 느끼기 힘든 시절이었다. 그 사실이 나를 절망에 빠뜨렸다.

　게다가 나는 2년여의 서울 생활에 지쳐가고 있었다. 매일같이 늦은 퇴근과 주말 근무로 심신은 망가져갔고, 월급이라고 받아봐야 저축도 얼마 되지 않았다. 서울 생활에서 도무지 비전을 찾을 수 없었던 나는 도로 부산으로 내려갈 생각까지 했다. 때마침 부산의 잘 나가는 신발회사에서 계장 자리를 주겠다며 나를 유혹하고 있었다. 이 무렵 A라는 인물을 만나지 못했더라면 나는 그 유혹에 저항하지 못했을 것이다. 내 삶의 궤적도 그만큼 판이하게 달라졌을 것이다.

인생을 바꾼 만남

한 가지 내게 남다른 점이 있었다면, 그토록 번민하면서도 일에 대한 욕심만큼은 버리지 않았다는 사실이다. 그 무렵 나는 금형 수출 창구까지 스스로 떠맡았다. 공장에 내려가 별도의 교육을 받기도 했고, 스스로 관련 서적을 사보며 최소한 영업을 할 수 있는 이론적 토대를 쌓았다. 회로도 읽는 방법까지 공부하여 부품 수출에서 최고의 자리에 올랐듯, 금형에서도 회사 내에서 독보적인 입지를 구축했던 것이다. 뿐만 아니라 금형 사업은 자연스럽게 CKD사업Complete Knock Down(부품을 그대로 수출해서 현지에서 조립하여 완성품으로 판매하는 방식)으로 연결되어 이에 대한 경험도 쌓여가기 시작했다.

한번은 TV수출팀 과장들에게 인사를 하러 간 일이 있었다. 전사 차원에서 금형 수출의 창구로 내가 지정되었으니, 혹시 수출에 대한 문의가 들어오면 내 쪽으로 연결해 달라는 부탁을 위해서였다. 그렇잖아도 거래선들의 금형 요구로 골치를 앓고 있던 TV 수출부서는 나의 출현에 쾌재를 불렀을 것이다. 그런데 나의 등장을 눈여겨본 이가 바로 당시 TV 중동 아프리카 팀장인 A과장이었다. 이제 입사 2년차에 불과한 햇병아리가 회사 안을 설치고 다니며 일하는 모습이 그에게는 꽤나 인상적이었던 것 같다. 인생을 바꾼 만남의 순간이었지만 그때는 아직 그 의미를 깨달을 수 없었다.

A과장은 얼마 후 이집트 카이로에 지사를 세우기 위해 출국하게

되었다. 우리 부서에 작별 인사차 온 그는 나를 보자 이렇게 말했다.

"류형, 언제 기회가 되면 나와 함께 일해 봅시다."

나는 감사하다는 인사를 올렸지만 그 권유가 불러올 삶의 변화도 역시 짐작할 수 없었다.

그 뒤로 1년이 지났다. A지사장의 카이로 지사는 순풍에 돛을 단 배처럼 쾌속 항진했다. 그러나 서울의 나는 지칠 대로 지쳐서 마침내 상사였던 K팀장을 붙들고 '사직'이라는 단어를 꺼내들고 말았다. 그런데 팀장의 반응은 뜻밖이었다. 그는 내 어깨를 토닥이며 말했다.

"이봐, 용기를 내. 안 그래도 자네에 대한 해외 파견 심사를 진행하고 있는 중이야. 조금만 기다리면 좋은 소식이 올지 모르니까 그때까지 참아보라구."

알고 보니 내 파견 심사는 A지사장의 강력한 천거에 의한 것이었다. 당시 이집트 사업의 주력 형태는 완제품이 아닌 CKD방식이었다. 이미 성공한 TV뿐만 아니라 전기 제품으로의 사업 확대를 위해서는 CKD사업 경험을 갖추고, 부품 외에도 금형과 설비 수출 경험도 있는 내가 적임자라고 판단했다는 것이다.

'해외 파견'이라는 말을 듣는 순간 내 몸에는 묘한 전율이 흘렀다. '해외'라는 단어가 주는 매력도 매력이지만 내 마음을 사로잡은 건 또 있었다. 무엇보다 그곳에서는 자부심을 갖고 온몸을 불살라 일할 수 있으리라는 기대였다. 어쩌면 내가 목말라했던 진짜 이유는 그것이었으니 말이다. 나는 두 달 뒤 카이로행 비행기에 몸을 실었다.

해외 영업이라는 운명과 만난 이후 나의 회사 생활은 세계를 무대로 한 것이었다. 물론 본사 근무를 할 때도 있었지만 이때 역시 전 세계를 무대로 하는 영업에 종사했다. 그러나 본사 근무는 12년이었던 반면 해외 근무는 19년에 이른다. 얼추 회사 생활의 3분의 2 가량을 해외에서 보낸 것이다.

해외 영업을 운명이자 천직으로 알고 살았기 때문인지 나는 몇 개의 사내 기록을 갖고 있다. 먼저 영업 및 마케팅 목적으로 세계 103개국을 방문하여 회사 내에서 가장 많은 나라를 방문한 사람이 되었다. 18개의 여권으로 최다 여권 보유자이기도 했고, 항공 마일리지는 560만 킬로미터였다. 이것은 지구에서 달까지를 7번 왕복할 수 있는 거리이다. 거리로만 따지면 나는 달을 7번 왕복 여행한 사람이었던 것이다. 또 튀니지와 사우디 지사장에 이어 3개 법인장 생활을 17년간 하여 최장기 지사장/법인장 기록을 보유하고 있다. 이처럼 겉으로 드러난 기록보다 더욱 값진 것이 있다. 우크라이나, 사우디, 이라크, 시리아, 요르단, 이집트, 튀니지, 알제리, 나이지리아 등 근무했던 모든 나라에서 최고의 실적을 기록했다는 사실이다. 이 지역에서 우리 회사의 주요 제품인 TV, 냉장고, 세탁기 등은 시장 점유율 1위를 기록했다.

이들 나라의 이름을 보면 알 수 있듯이 나는 아주 특화된 지역을 삶의 무대로 하고 살았다. 중동, 아프리카, CIS(독립국가연합, 소련 해체 이후 새로이 설립된 국가연합체제) 지역이 나의 전장이었다. 그렇다. 나는 후진국 영업 전문가였다. 남들이 어렵고 더럽고 위험해서 피한다는 3D시장만을 찾아다녔다. 사막과 정글, 그리고 설원에서 뛰었다.

더러는 폼나는 선진 시장에서 밀려 한직으로 떠돈 결과가 아니냐고 말한다. 그러나 시장 개척과 글로벌 영업이라는 것의 생리를 조금만 안다면 절대 그렇게 얘기하지 못한다. 더구나 중동, 아프리카 등의 시장은 세계 영토, 인구의 절반 이상을 차지하는 지역이다. 갈수록 커지는 시장이다. 한번 선점해두면 넘보기 힘든 확장 일로의 시장이고 황금알을 낳는 거위가 될 시장이라는 것이다. 언제까지 미국이나 중국 시장만 바라보며 자원을 집중할 것인가. 지금 이 두 국가의 대외정책 변화에 한국이 휘청거리지 않는가. 글로벌시장 다각화가 기회를 확대하고, 위기를 분산시킬 것은 너무나 분명한 사실이다.

설사 변방에서의 삶이었다고 해도 나는 별다른 불만이 없다. 나는 내가 받은 인생 술잔의 마지막 한 방울까지 마시고야 말겠다는 태도로 최선을 다했으니 말이다. 가장 험하고 치열한 전장을 무대로 말이다. 내가 걸어온 길은 어쩌면 뒤를 따르는 후배들에게 유익한 선례이자 참고자료가 될 수 있을 것이라 자부하기도 한다.

남들이 가지 않는 길을 가는 지혜

나이지리아에서 사무실을 구할 때의 일이다. 상업 중심지 라고스는 천만 명이 넘는 시민이 사는 메트로폴리탄이어서 중심부와 몇 개의 준중심부로 나뉘어 있다. 핵심 지역의 건물이나 주택 임차료는 지금 시세로도 서울 강남보다 비싸다. 무엇보다 교통 혼잡이 심각해서 몇 시간을 거리에서 보낼 정도였다. 나는 우리가 사는 주택지는 이코라는 중심지에 잡고 사무실은 이케자라는 부심 지역에 구했다.

집에서 사무실까지는 20킬로미터 정도의 거리였다. 그런데 출퇴근 시간의 즐거움이 남달랐다. 매일 아침 우리는 20킬로의 길을 쾌속 질주했다. 도시 중심으로 향하는 반대편 차선에서 거북이걸음을 하는 차량 행렬들을 비웃으며 말이다. 퇴근을 할 때는 또 반대 방향으로 똑같은 일이 되풀이되었다. 그때 함께 가던 동료가 이렇게 말했다.

"세상도 이렇게 살아야 살맛이 나겠죠."

단순하지만 결코 만만치 않은 삶의 지혜가 여기에 들어있다. 남들이 모두 가는 길은 폼나고 안전할 수는 있어도 그만큼 비싼 비용을 지불해야 하는 것이다. 남들이 가지 않는 길은 그 루트를 개척하기 전까지는 힘들어도 일단 궤도에 오르기만 하면 남들보다 훨씬 더 빠르고 안전하게 목적지로 인도한다.

우리의 삶에서도 마찬가지 아닌가. 나는 후배들에게 말한다. 남들 모두가 가는 길을 아무 생각 없이 따라가는 것이야말로 인생을 낭비하는 가장 나쁜 삶의 방식이라고. 아무도 가지 않은 미지의 길 위에 기회가 넘친다고 말이다.

Stage
1

해외영업을
한다는 것

새로운
세상 속으로

수만 피트 상공 위에서의 다짐

1989년 7월 23일, 나는 김포공항에서 커다란 이민 가방 두 개와 바퀴 달린 가방 한 개, 손가방 하나와 배낭까지 짊어지고 출국 수속을 했다. 입사한 지 2년 만에 해외 주재원으로 나가는 경우는 거의 없었지만 A지사장과의 인연으로 이제 장도에 오른 것이다.

비행기 좌석에 앉자마자 나도 모르게 깊은 숨이 터져 나왔다. 정신 없이 흘러간 두어 달의 시간이었다. 만난 지 2개월 만에 아내와 결혼을 하고, 그 와중에 카이로 지사로의 부임도 준비해야 했다. 업무 인수인계도 녹록치 않았다. 중국 사업이 위기에 봉착하면서 선적한 제품들이 반송되고 있었다. 이 문제를 해결하면서도 진이 모두 빠져버렸다. 동시다발적으로 발생한 일들이 하필이면 모두 긴급성을 요하는 것들이었다.

그렇게 건강하던 내 몸도 어지간히 시달렸던 것 같다. 결혼식 사진에 찍힌 내 모습을 보면 큰 키에 바짝 마르고 까맣게 탄 얼굴이 지금도 안쓰럽게 보인다. 그렇듯 급박했던 상황을 뒤로 하고 이제 새로운 세상의 입구에 선 것이다. 비행기 속에서 나는 금방 곯아 떨어졌다.

새로운 땅으로의 여정은 길었다. 비행기는 앵커리지에 중간 기착했다. 또 다른 기착지인 암스테르담 공항까지는 여덟 시간을 날아야 한다. 거기서 목적지인 카이로까지 다시 여덟 시간의 비행. 비행기에서 내려 밖으로 나가보니 아직 희뿌연 새벽이었다. 여름인데도 알래스카의 새벽 공기는 쌀쌀했다. 일본 여인들이 우동을 팔고 있었다. 기내식도 안 먹고 곯아떨어졌던 나는 우동 한 그릇을 사먹었다. 따뜻한 국물이 새벽 공기 속의 나를 따뜻하게 녹여주었다. 어쩐지 두고 떠나온 소중한 것을 일깨워주는 듯한 기분이었다.

나는 셈을 치르며 여인에게 말했다.

"사요나라!"

"……사요나라!"

여인의 주름진 얼굴에서 한 가닥 미소가 피어올랐다. 굳이 그녀를 향한 것은 아니었다. 익숙했던 모든 것에 고하듯 나는 그렇게 작별인사를 건네고 있었던 것이다. 그리고 비행기를 향해 발걸음을 돌리면서 생각했다. '이젠 정말 모든 게 새롭게 시작되었다'고. 향수와 동경, 설렘과 두려움이 교차하는 미묘한 기분이었다.

마침내 KLM(왕립 네덜란드 항공)은 암스테르담을 떠나 카이로를 향해 이륙했다. 더 이상 잠은 오지 않았다. 서서히 목적지가 가까워 옴에 따라 몸과 마음이 흥분 상태로 돌입했던 것이다.

해외 영업의 귀재, 영업의 신, 달인……. 그런 거창한 타이틀은 내 목표와는 거리가 멀었다. 가장 중요한 것은 내가 선택한 길을 온몸을 던져 걸어가는 것이었다. 어떤 가시밭길이 펼쳐져도, 어떤 돌부리가 낚아채더라도 나는 거침없이 그 길을 간다. 온갖 시련과 고난을 극복하면서. 온몸을 불사르며 나는 내 업業의 주인이 되리라. 그런 과정 속에서 나는 스스로 납득할 수 있는 삶, 쓸모 있는 인간으로 거듭날 수 있을 것 같았다. 회사를 비롯한 주변 사람들의 기대 역시 그 끝에서 자연히 충족될 것이다. 첫 부임지로 향하는 햇병아리 해외 주재원 류태헌은 수만 피트 위 상공에서 그렇게 다짐하고 있었다.

그런 상념에도 서서히 지쳐갈 무렵, 기내 스피커를 통해 카이로 상공에 도착했다는 방송이 흘러나왔다. 깜짝 놀란 나는 몸을 곧추세우고 창밖을 내다보았다. 그러고는 다시 한 번 놀라고 말았다. 하늘에서 내려다 본 카이로시 전체가 누런색이었던 것이다. 나일 강의 범람으로 생긴 델타 지역이 녹색일 거라는 믿음은 눈앞에 펼쳐진 광경에 더 이상 설 자리를 잃어버렸다. 온 세상이 누렇게 염색된 천 같았다.

이민 수속을 마치고 공항 출구로 나오자 뜨거운 바람이 훅하고 엄습했다. "어휴, 이렇게 더운 나라였구나!" 탄성이 저절로 터져 나왔다. 그날의 공기가 이후 20여 년을 내가 껴안고 호흡하게 될 것인 줄은 그때만 해도 상상하지 못했다.

피정복민의 사고 구조

카이로 지사에서의 나날은 바쁘게 흘러갔다. 카투사 시절 익힌 영어 실력과 2년 남짓한 회사 경험이 전부였던 내게 이국에서의 모든 일은 낯설고 서툴 뿐이었다. 그러나 나는 A지사장의 든든한 후원 아래 서서히 자리를 잡아 나갔다. A 역시 과장급의 관리자에 불과했지만, 그는 일에 정통하면서도 열정을 함께 보유한 사람이었다. 함께 일하는 사람에게는 무조건적인 신뢰를 보내며 일을 잘 할 수 있도록 모든 지원을 아끼지 않았다. 그러면서도 원칙을 잃지 않는 리더였다. 나는 그의 지도 아래 빠르게 일머리를 익혀 나갔다. 그렇게 한창 일의 재미를 느껴 갈 무렵, 주재국에서의 첫 번째 큰 승부와 맞닥뜨리게 되었다.

후진국의 모든 경제 결정권자들은 전자 산업을 자국 산업화의 중요한 성공 척도로 삼는 경우가 많았다. TV와 같은 제품을 자체 기술력으로 만든다는 것은 한 나라의 지도자로선 제대로 체면을 세우는 일이었기 때문이다. 그래서 그들은 전자 산업의 국산화를 최우선 과제로 삼고 집중지원을 했다. 어마어마한 돈을 투자해서 TV 공장을 세우고 생산라인을 깔았다. 그런데 그처럼 막대한 투자를 한 뒤에도 여전히 TV 생산을 위한 부품은 수입을 해야 했다. TV 조립 공장을 세운다고 해도 이런 한계가 극복되지 않는 한 반쪽짜리 산업화에 불과했던 것이다.

그래서 그들은 핵심 부품의 현지 생산을 요구하기 시작했다. 물론 여기에도 한계가 있었다. 전자 부품이라는 게 공장 하나 세운다고 뚝딱 만들어지는 것이 아닐뿐더러, 상당한 규모의 물량이 받쳐줘야 한다. 그래야 글로벌 경쟁력을 갖는다. 그들이 원하는 전자 부품의 국산화가 달성하기 어려운 꿈으로 남게 되는 건 그래서였다. 달리 얘기한다면 이집트에서의 성공을 위해 우리가 공략해야 할 지점은 바로 거기였다. 그러나 여기에는 몇 가지 장애물이 있었다.

일본 상사맨들 사이에 떠돈다는 말이 있다. '뱀 굴에서 살겠냐 아니면 이집트에서 사업을 하겠냐고 물으면 모두가 뱀 굴에서 살기를 원한다.'는 말이다. 이집트인들과의 사업이 그만큼 어려움을 빗댄 말이다. 실제로 이집트인들과는 사업을 성공적으로 이끌어내기가 어려웠다. 그들과의 협상도 그만큼 어렵다. 무엇보다 그들은 외국인을 신뢰하지 않는다. 외국인 모두를 이집트를 수탈하러 온 자들로 보기 때문에, 그들을 속이거나 등을 쳐서 이익을 보는 것에 대해 별다른 죄책감을 느끼지 않는다. 사업가는 물론 정부나 공기업의 인사들도 이런 생각과 감정에 따라 의사결정을 하고 행동한다. 약속을 지키지 않는 것은 너무나 일반화된 일이다. 이런 나라에서 사업을 한다는 것은 많은 위험을 감내해야 한다. 그들과 우리는 너무나 달랐다.

게다가 문제는 또 있었다. 이집트 측과 어떻게 이야기가 된다 해도 서울의 본사는 또 어떻게 설득할 것이냐였다. 현지 공장을 짓는다는 건 막대한 투자가 필요한 일이다. 그러나 결과를 장담할 수 없을뿐더러 상대방을 전적으로 신뢰할 수도 없는 상황에서 과연 설득이 가능할지 의문이었다.

우리가 이집트에서 고만고만한 장사치로 남지 않기 위해서는 현실을 뒤엎을 획기적인 시도가 필요했다. 이 어려운 난제가 이집트 카이로 지사의 눈앞을 가로막고 있었다. 나는 A지사장을 보좌하며 이 거대한 승부를 펼쳐나가야 했다. 그리고 그 과정에서 아주 중요한 가르침을 얻었다.

CEO의 마음을 낚다

우리는 머리를 싸매고 몇 날 며칠 동안 묘수를 찾아내기 위해 애썼다. 그렇게 고민의 나날은 속절없이 흘러갔다.

"있어! 그런 방법이 있다구!"

어느 날, 감지 않은 머리카락 속에 손가락을 파묻고 있던 A지사장이 소리를 질렀다. 전면적인 투자 없이도 이집트와 본사 양쪽을 만족시킬 방법이 있다는 것이었다.

그의 설명은 이랬다.

어차피 회로용 전자 부품은 수백만 또는 수천만 개를 만들어야 규모의 경제가 이뤄진다. 따라서 그런 부품은 현지 생산을 해도 경쟁력이 없으므로 나중에 생산 규모가 세계적인 수준으로 성장했을 때로 연기해 두는 게 맞다. 그러나 일부 특수 기구 부품은 연간 50만 개 수준이면 금형 투자를 해도 투자금 회수에 문제가 없었다. 우리는 회사의 부담을 최소화하는 수준에서 투자를 하고, 이집트에는 그들의 숙원을 풀어줄 의미있는 수준으로 실질적 투자를 하자는 것이었다.

"우리가 투자에 대한 반대급부로 요구할 것은……."

A지사장은 거기서 말을 끊고 씨익 미소를 지었다.

"이집트 공기업이 생산하는 모든 TV를 7년간 우리 회사에 독점으로 공급해 달라는 거지."

그 말을 듣고 나는 입을 벌릴 수밖에 없었다. 너무나 대담한 제안이었기 때문이다. A지사장의 구상은 우리로서도 손해가 될지 이익이 될지 알 수 없는 모험이었다. 그러나 당시 상황에서는 그것만이 가장 빠르고 효과적인 시장 개척의 방법이라는 게 그의 주장이었다. 나는 반신반의하면서도 그처럼 엄청난 방안을 거침없이 제기할 수 있는 A지사장의 배포에 혀를 내두를 수밖에 없었다. 우리는 마침내 비집고 들어

갈 작은 구멍을 찾은 것인지도 몰랐다. 결국 우리는 그런 확신 속에서 과감하게 돌진하기로 결정을 내렸다.

우리의 이 획기적인 제안에 이집트 공업성은 고심에 빠졌다. 우리는 그들과 협상에 나섰다. 그런데 그 과정을 지켜보면서도 나는 중요한 원칙을 배웠다. 협상에는 줄 것은 먼저 줘야 받아 내는 것도 가능하다는 선관용의 원칙이 반드시 필요하다는 것이다. 조금 손해 보는 자세로 임하면 합의의 과정이 쉬워질뿐더러 더 많은 것을 얻어낼 수가 있다. 단기적으로 손해를 보는 것이 장기적으로 유리한 경우가 훨씬 더 많은 것이다. 특히 아랍이나 아프리카 같이 신뢰의 기반이 부족한 곳에서는 이런 자세가 더 필요하다. 실제로 우리가 먼저 손해를 감수하겠다는 자세를 보이자 이집트 공업성은 마음의 문을 열어왔다.

그런데 의사결정이 어렵기는 우리 회사의 내부 사정도 마찬가지였다. 당장 해당 부품 공장장이 반대를 하고 나섰다. 사업부 측의 반대도 완강했다.

"먼지가 많은 카이로에 정밀 부품 공장을 세운다고요?"

"제대로 교육받은 엔지니어가 없는데 현지 생산이 가능할까요?"

"생산은 한다고 해도 적자가 뻔한데 뭐하러 투자를 합니까!"

온갖 이유가 터져 나왔다. 갖가지 설득에도 그들은 난공불락의 요새처럼 꿈쩍도 하지 않았다.

그러나 우리는 그대로 주저앉을 수 없었다. 이순신 장군의 12척 배처럼 우리에게도 최후의 방법이 남아 있었다. CEO에게 탄원서를 쓰는 일이었다. 당시 A지사장은 알제리 출장 중이었다. 거기서 그는 공장을 지어야 하는 이유와 사업의 타당성을 조목조목 팩스지 위에 썼다. 그러고는 나에게 그것을 보내왔다. 자신은 출장 중이니 본사로 대신 송부하라는 것이었다.

기기긱, 기기긱.

팩스 전용지 3장에 첨부를 포함한 무려 15장이 넘는 팩스가 전화선을 타고 지구 반대편으로 날아갔다. 몇 초 뒤면 CEO 비서실의 팩스 기기는 굉음과 함께 이 엄청난 제안을 토해낼 것이다. 기계 작동음이 울릴 때마다 내 마음은 졸여오고 있었다.

회사 내의 계통을 밟지 않은 이 일은 본사를 한바탕 뒤집어 놓았다. 그러나 A지사장의 의도는 적중했다. 이 파격적인 방식이 CEO의 마음을 낚은 그물이 된 것이다. 그처럼 우여곡절을 겪으며 투자 결정은 내려졌다.

계약이 체결되던 날 A지사장과 나는 떡이 되도록 술을 마시며 우리의 성취를 자축했다. 금액으로 연간 수천만 달러, 7년간 수억 달러가 넘는 쾌거였다. 물론 당장의 영업이익은 보잘 것 없지만 시간이 지날수록 파이가 불어나는 형태였다. 거대한 한판 승부였던 것이다. 그런데 중요한 것이 또 있었다. 투자한 부품 공장이 당초의 예상과는 달리 매년 수백만 달러의 순이익을 가져다주는, 황금알을 낳는 거위가 되었다는 사실이다.

미래의 성공을 위한 묘수

부품 공장의 현지화라는 이 결정과 결과는 내게 큰 충격을 주었다. 모든 새로운 시도에는 불안감이 따를 수밖에 없다. 그러나 만약 그 불안감을 최소화시킬 수 있다면 우리들의 의사결정은 더욱 과감하고 자유로울 수 있을 것이다. 그런데 그 방법을 A지사장이 보여주고 있었다. 지사를 책임지는 리더로서 이 투자 결정이 그보다 불안한 사람은 없었을 것이다. 그러나 그는 이집트가 전략적으로 추진하는 부품 공장의 미래와 그것이 가져올 긍정적인 결과를 예측했다. 이집트에 부품 공장을 짓는다는 묘수는 그런 A지사장의 혜안으로부터 비롯된 것이었다.

그의 혜안은 이집트 시장을 떠나서도 여지없이 발휘되었다. 그는 카자흐스탄과 러시아 시장을 맡았을 때도 생산 공장의 현지화라는 전략을 구사했다. 그리고 그 공장에서 엄청난 매출과 이익을 실현시켜 우리 회사가 시장을 평정하는 데 혁혁한 공을 세웠다.

특히 그가 CIS 지역 대표로 일하며 모스크바에 가전 공장을 세운 일은 하나의 전설이었다. 이때도 그는 무수한 반대를 돌파하며 공장 설립을 밀어붙였다. 그러나 이 투자는 대표적인 실패 사례로 꼽혔고, 회사에 머무는 동안 그는 세상의 욕이란 욕은 다 얻어먹었다. 그러나 2008년 글로벌 경제 위기 때부터 러시아 공장은 진가를 발휘하기 시작했다. 현지 공장을 가진 우리는 그 위기를 오히려 성장의 기회로 바꾸며 승승장구할 수 있었던 것이다. 우크라이나 사태 이후 우리가 러시아 제1의 시장 지배자로 발돋움한 것도 러시아 공장이라는 든든한 진지 없이는 불가능한 일이었다. 그의 혜안과 통찰, 뚝심이 빚어낸 빛나는 성취라 하지 않을 수 없었다.

유례없는 경쟁의 시대에는 누구나 새로운 시도를 통해 큰 성공을 꿈꾼다. 비즈니스의 세계에서 그 새로운 시도는 '전략'이라는 꽃으로 응축된다. 시장과 경쟁자의 허를 찌르는 새로운 전략은 가장 혁신적인 성공 방정식이다.

그러나 이 성공에는 늘 강력한 전제가 따라붙는다. 미래에 대한 예측과 한 몸이 돼야 한다는 것이다. 그래야 한계 없는 혁신과 도전이 가능해진다. 설혹 지금 당장 눈에 띄는 이익이 없더라도 정교한 미래 설계 아래 뚝심 있게 걸어가는 것이야말로 성공을 위한 가장 곧고 빠른 길이다. 그것을 가능하게 해주는 묘수! 그 이름은 바로 미래에 대한 '통찰력'이다.

세월이 흐른 뒤 나는 이것이 내 삶에도 그대로 적용되고 있었다는 생각을 하게 됐다. 후진국 영업이라는 가장 거친 세계에 발을 디딘 것은 당장으로는 손해 보는 결정이었는지 모른다. 그러나 장기적으로 나는 세상 사람들이 성공이라고 부르는 삶의 궤적을 그려왔다. 어쩌면 나는 A지사장이 나를 위해 깔아놓은 인생의 트랙 위에서 여태껏 달려왔다는 느낌마저 들 정도다. 여러 모로 그는 잊을 수 없는 은인이었다.

해외 영업을
한다는 것

모르는 나라에서 약속이 어긋나다

1990년 8월, 나는 알제(알제리의 수도)에서 80여 킬로미터 떨어진 티지 우주의 한 호텔 옥외 카페에 앉아 있었다. 뉘엿뉘엿 넘어가는 석양 빛에 감싸인 채 맥주잔을 기울이고 있는 중이었다. 낭만적인 풍경? 그러나 먼 하늘을 쳐다보고 있는 내 눈에는 이슬이 맺혀 있었다. 다 큰 어른이, 게다가 남자인 주제에 눈물을 글썽거리고 있었던 것이다.

때는 사담 후세인이 쿠웨이트를 침공하고, 이에 대한 보복으로 미국이 전쟁을 준비하고 있던 시절이었다. 만약 미군이 침공하면 이라크 역시 스커드 미사일을 주변국으로 발사할지 모른다. 사거리 1000킬로미터 이내인 카이로도 안전을 장담할 수 없다. 피난을 가야 하나 어쩌나 망설이던 중에 알제리 방문 비자가 나오고, 거래선과의 미팅 주선이 완료되어 출장을 나온 길이었다. 그런데 카이로에는 한국에서 온 만삭의 아내가 머물고 있었다.

알제리 방문은 처음이었다. 내가 도착하여 연락을 하면 당연히 공항 픽업 정도의 지원은 받을 줄 알았다. 그런데 막상 공항에 도착해서 이민국을 통과하고, 수하물을 찾아 밖으로 나왔는데도 기다리는 사람이 없었다. 조금 늦나보다 생각하며 30여 분을 더 기다렸지만 도무지 나를 찾을 기색은 보이지 않았다. 어쩔 수 없이 100달러를 환전할 때 나온 잔돈으로 거래선인 E사에 전화를 했다. 그랬더니 수화기 저쪽에서 뜻밖의 사실을 알려왔다. E사는 알제가 아니라 오란이라는 지방 도시 근처에 있어서 픽업을 할 수 없다는 것이었다.

알제리는 사회주의 국가였다. 지역의 균형 발전을 위하여 국영기업을 전국 곳곳에 배치하고 있었다. 내가 만나러 갔던 E사와 국영 가전회사 M사도 모두 알제가 아닌 지방 도시에 소재하고 있었다. 당시 알제리는 한국과 미수교국이었다. 카이로 지사와 알제리 거래선과의 통신도 팩스가 아닌 텔렉스란 전보 형태로 이뤄지고 있었다. 그 때문에 구체적인 이야기를 나눌 수 없었던 것이 이 사달을 일으킨 것이다.

나는 할 수 없이 두 회사와의 약속을 조정한 뒤 알제 시내로 가는 택시를 잡았다. 그때까지는 별로 당황하지 않았다.

난생 처음 300달러짜리 스위트룸에서

알제 시내에는 벌써 어둠이 깔리고 있었다. 그 무렵은 프랑스어권인 알제리에서 영어로 의사소통을 하는 게 몹시 어려운 시절이었다. 온갖 언어를 다 구사해서 알제 시내의 아무 호텔이나 가자고 했다. 택시기사는 나를 알제 최고의 호텔인 오라시호텔로 데려다 놓았다.

나는 호기롭게 호텔로 들어갔다. 같은 사회주의 국가인 리비아를 자주 출입한 경험이 있었던 것이다. 그런데 아뿔싸! 호텔에는 빈 방이 없다는 것이었다. 리셉션에 부탁해서 5,6군데의 호텔에 전화를 돌려본 결과도 마찬가지였다. 알제리가 개방을 시작하면서 외국 손님이 늘었고, 하필이면 그 와중에 3건의 국제회의가 연달아 열려서 모든 호텔의 객실이 동이 났다는 것이었다.

드디어 나는 최악의 상황에 빠졌다는 사실을 깨달았다. 밤은 깊어가고 갈 곳은 없었다. 한동안 멍한 정신으로 있다가 나는 본능적으로 식당을 찾았다. 무슨 일이 생길지 모르니 우선 배부터 든든하게 채워놓자는 심산이었다. 식사를 마친 뒤 호텔에 몇 개밖에 없는 고객 카우치에 앉아 혼자서 밤을 맞을 수밖에 없었다. 그나마 딱한 사정을 아는 호텔 직원들이 야박하게 쫓아내려고 하지 않는 게 다행이었다.

바로 그때 한 동양인 신사가 나타났다. 짐작하건대 그는 틀림없이 한국인이었다. 나는 그가 식당에서 나오기를 기다려 다가갔다.

"Excuse me……, 저……, 한국인 맞으시죠?"

"어이쿠! 동포를 여기서 다 만나네!"

내가 한국말로 인사를 건네자 그는 깜짝 놀라며 소리쳤다.

그는 외무부에서 출장을 나온 참사관이라고 했다. 알제리와 국교를 트기 위해 장기간 출장을 나온 외교 관료였던 것이다. 내 사정 이야기를 들은 그는 능숙한 프랑스어로 호텔 직원과 대화를 나눴다.

"내일부터 외국인 VIP가 사용할 방이 하나 있긴 한데 1박에 300달러라고 하네요. 그리고 오늘 하루밤에는 사용할 수 없구요. 그래도 상황이 급하니까 어쩔 수 없지 않을까요?"

지푸라기라도 잡고 싶은 심정이었던 나는 그의 손을 덥석 잡으며 고맙다는 말을 연발했다. 이렇게 하여 나는 낯선 땅에서 동포의 도움으로 간신히 위기를 넘길 수 있게 되었다. 300달러짜리 값비싼 위기탈출이었지만 말이다.

난생 처음 묵는 스위트룸이었다. 방 3개에 넓은 거실, 부엌까지 딸려 있는 완벽한 40평대 아파트 같았다. 아마 프레지던트 스위트룸 수준으로 외국의 정상이나 국빈급 손님들이 공식 방문 때 사용하는 객실이었을 것이다. 너무 커서 아깝다는 생각이 들어 잠이 오지 않을 정도였다. 본전 생각이 나서 욕조에 뜨거운 물을 채우고 목욕을 한참이나 했다. 타월을 걸치고 몇 번이나 방을 어슬렁거리기도 했다.

무책임한 장사꾼

물론 문제가 끝난 건 아니었다. 조정된 약속은 아직 하루가 더 남아 있었던 것이다. 다음날 열두 시경에 체크아웃을 하고 호텔을 나서자 다시 막막함이 밀려들었다. 어떻게 할지 궁리를 하며 호텔 라운지에서 시간을 보내고 있는데, 또 하나의 동양인 천사가 배낭을 메고 나타났다. 나는 반가움에 손을 번쩍 들었다. 그도 얼떨결에 손을 들고 "하이!"를 외쳤다.

그는 배낭여행 중인 학생이었다. 같은 동양인이고 젊어서인지 우리는 쉽게 의기투합했다. 낮에는 함께 알제 시내 탐방에 나서고, 저녁에는 식사와 함께 맥주까지 한 잔 곁들였다. 그런 뒤 나는 숨겨 놓았던 본론을 조심스레 꺼내들었다.

"오늘 밤은 알제에서 보내나요? 혹시 호텔방은 잡아 놨어요?"

"근방의 작은 호텔에 방을 잡아 놓았는데요."

그는 의아한 표정으로 나를 쳐다봤다. 이미 칼은 뽑아진 상태였다. 나는 용감하게 앞으로 나아갔다. 그가 묵는 호텔에서의 하룻밤을 청한 것이다. 그때 그의 표정을 잊을 수 없다. 그러나 그도 마음씨 좋은 사해 동포였다. 다시 한 번 나는 위기를 넘길 수 있게 된 것이다.

나는 이튿날 새벽 6시에 잠에서 깨어났다. 50달러의 돈을 간단한 감사 메모와 함께 책상 위에 올려두고 방을 나섰다. 자칫 큰 곤경을 치를 뻔한 순간을 두 은인의 도움으로 무사히 빠져나오게 된 것이다(그와는 그 뒤로도 몇 년간 연락을 주고받다가 끊기고 말았다).

그런데 두 번의 위기를 벗어난 뒤에도 아직 고난은 끝난 게 아니었다. 나는 M사를 방문하여 공장을 둘러보고 이런저런 업무 협의를 하며 하루를 보냈다. 티지 우주 시내에 있는 유일한 호텔에 체크인을 위해 들른 것은 저녁 시간이었다. 그런데 그 호텔에서도 방이 없다는 말을 들은 나는 마침내 울컥하고 말았다. 숙소 문제로 한바탕 곤욕을 치른 마당이라 M사에 각별한 부탁을 했는데도 불구하고 그 모양이었다. M사에 전화를 해서 도움을 청한 다음 그들이 올 때까지 야외 카페에 앉아 맥주를 한 잔 들이키며 기다리고 있었다. 그러고는 석양에 알코올 기운까지 받아 느닷없는 객수에 휩싸이고 만 것이다.

사방을 둘러보아도 아는 이 없는 알제리의 시골 동네에 홀로 앉아 있는 내 모습이 갑자기 처량하게 느껴졌다. 만난 지 두 달 만에 결혼한 아내는 만삭의 몸을 한 채 언제 날아올지 모르는 미사일의 공포에 떨고 있었다. 나야말로 참 무책임한 장사꾼이구나, 하는 생각이 들자 나도 모르게 자책의 감정이 치밀었던 모양이다.

나는 항상 몸이 먼저 달려가고 닥치는 상황에 즉흥적으로 대응하면서 즐기는 타입이었다. 그래서 출장을 가거나 여행을 가더라도 꼼꼼한 계획을 세우지는 않았다. 하지만 그때처럼 왕복 티켓 하나만을 들고 무대책으로 달려가는 일은 결코 없었다. 값비싼 대가를 치렀던 것이다.

성공의 확신이 있다면 과감한 승부수를

만약 출장의 결과까지 나빴다면 어쩔 뻔했을까? 나의 좌충우돌은 영업 초년생의 한바탕 객기로 허무하게 끝나버렸을 것이다. 다행히 알제리에서의 사업은 당초 기대를 훨씬 뛰어 넘는 결실을 맺었다.

1991년 알제리와 대한민국은 국교를 수립했다. 그러나 알제의 하늘에 태극기가 휘날리기 조금 전에 우리 회사 제품은 이미 알제리에 상륙했다. 90년 이후 꾸준히 알제리를 넘나들며 기회를 찾았던 내게 첫 주문이 들어온 것이다. EDCF(대외경제협력기금) 차관을 이용한 5백만 달러짜리 오디오 생산용 반제품 주문이었다. 우리 회사보다 훨씬 먼저 알제리에 사무실을 두고 있던 D사에서 부러움 섞인 푸념을 해왔다. 자신들은 수년을 노력해도 부품 하나 못 팔았는데 어떻게 진출 1년도 안 되어 그렇게 큰 사업을 따냈느냐는 것이었다.

그러나 그것은 시작에 불과했다. 알제리는 낙후된 국영 기업의 경쟁력을 회복하기 위해 새롭게 떠오르는 아시아 기업과의 협력을 원하던 차였다. 그러던 중 홀연히 나타난 우리 회사를 보고 반색을 했던 것이다. 세계 아홉 번째의 원유 보유국, 세계 두 번째로 거대한 천연가스 자원을 보유한 자원 부국이 우리 회사에 활짝 문을 열기 시작했다.

그러나 세상에는 공짜가 없었다. 당장 외환이 부족한 알제리 정부는 2년짜리 신용장을 수용하라고 했다. 그 누구도 듣도 보도 못한, 중앙은행이 보증하는 1,200만 달러짜리 720일 유산스USANCE (일반적으로 무역 결제에 있어서 어음의 지급기한) 신용장을 받아들이라는 것이었다. 통상 6개월 이내로 대금회수를 유예하는 것이 일반적인 유산스 방식인데 이번에는 거의 2년으로 기한을 늘렸다. 이것을 받아들일 것인가 말 것인가를 놓고 연일 본사에서는 회의가 열렸다. 그러나 누구도 책임지겠다는 사람이 없었다.

나는 확신이 있었다. 알제리는 전반적으로 매우 청렴한 사회 풍토를 가지고 있었다. 같은 사회주의 계통인 이집트, 리비아 등과는 차원이 다른 무균질의 나라처럼 느껴졌다. 무엇보다 그들에게는 한 차원 높은 기술을 도입하겠다는 열망이 가득했다. 결코 신뢰를 배반할 사람들이 아니었다. 나는 해외 영업에 있어서 아직 햇병아리에 불과한 처지였다. 그러나 그 순간 들었던 나의 '감'을 믿어야 했다. 무엇보다 성공에 대한 확신이 있다면 과감하게 승부수를 던져야 한다는 믿음과 배짱이 있었다. 나는 본사에 이렇게 말했다.

"알제리 중앙은행이 보증하는 신용장입니다. 알제리란 나라도 자원 부국이니 채무 불이행국이 될 가능성은 없습니다. 단지 행정상의 미비로 입금 시기가 다소 지연될 수는 있어도 약속은 꼭 지킬 겁니다. 그리고 이번에 우리가 저들을 믿어준다면 이후에는 더욱 엄청난 거래들이 밀려올 것입니다. 이 거래는 반드시 성사시켜야 합니다."

결국 우여곡절 끝에 내 주장은 받아들여졌다.

계약을 체결하기 위해 두바이에 상주하는 지역 대표 KS이사가 직접 출장을 왔다. 태극기와 알제리 국기를 앞에 두고 E사 이사회 의장인

H회장과 우리 회사의 중동-아프리카 지역 사령관 KS이사가 계약서에 사인했다. 계약서를 교환하고 우리는 E사가 주최하는 만찬장으로 안내되었다. 놀랍게도 큰 양 한 마리를 통으로 구운 메쉐이라는 전통 요리가 나왔다.

나에게도 발언 기회가 주어졌다. 나는 그동안의 소회와 양측의 관계자들에 대한 감사의 말을 전한 뒤 이렇게 말했다.

"존경하는 의장님, 그리고 이사회 이사 여러분. 금번 우리 회사의 의사결정이 오랫동안 잊히지 않는 양사 파트너십의 역사로 남았으면 합니다. 이것은 알제리라는 나라와 E사를 전적으로 신뢰한 우리 회사 경영진의 특별한 결정이었습니다. 앞으로 양사의 관계에 어려움이 닥칠 날이 올지도 모릅니다. 그때는 E사에서 우리가 보였던 신뢰를 기억하시고 같은 신뢰의 기반 위에서 상호 협력을 이뤄갈 수 있기를 기대하겠습니다."

H회장과 이사들은 일제히 박수를 쳤다. 그렇게 우리는 양사의 파트너십을 기뻐했고 사업의 진행을 축하했다.

해외 영업을 한다는 것은

이후 무려 5년여간 우리 회사는 알제리에서 독점적 지위로 매년 수천만 달러의 사업을 일구어냈다. 물론 알제리도 외환 사정이 좋아져 이후의 대금 결제는 일시불이었다. 문제의 720일 유산스 결제도 약간의 지연은 있었지만 말끔하게 마무리되었다. 나는 이미 한국으로 귀국한 뒤라 내 후임들이 즐긴 과실이었지만 말이다. 나는 그 뒤로도 알제리에서 우리 회사가 승승장구한다는 소식을 들으면서, 내 자신에게 큰 자긍심을 준 알제리 개척시대를 기분 좋게 반추하곤 했다.

300달러짜리 호텔과 석양을 보며 흘렸던 눈물, 턱없는 객기와 두려움, 그리고 향수. 끝없이 호수바닥으로 가라앉는 듯한 의기소침함 따위들. 해외에서 영업을 한다는 건 때로 그런 감정의 포로가 된다는 걸의미한다. 그러나 벼랑 끝을 타는 듯한 위기와 꼭 그만큼의 스릴을 안겨주는 과감한 베팅, 짜릿한 성취의 기억들도 있다. 물론 외국이라는낯선 무대가 안겨주는 경이와 낭만도 빼놓을 수 없다.

이 모든 것들을 내면 속에 버무려 바위 같은 인간으로 성장해간다는 뿌듯함…… 영업을 한다는 것, 특히나 해외 영업을 한다는 것은 바로 그런 느낌을 알아가는 것이다.

알제리의 포도주는 왜 그리 붉을까?

모로코, 알제리 그리고 튀니지로 구성된 북아프리카 3국은 프랑스의 지배를 받고 1960년대 초에 독립을 했다는 공통점이 있다. 그래서 그들은 프랑스어를 상용어로 사용하고, 포도주도 생산한다. 세계 최고의 맛을 자랑하는 양고기 숯불구이에 포도주를 곁들인 남지중해의 저녁 식사는 그 어느 곳보다도 풍성하다. 그처럼 아름다운 저녁 시간을 보내며 프랑스가 얼마나 알제리를 포기하지 않으려 노력했는지를 알게 됐다.

알제리는 프랑스 면적의 거의 4배나 되고 세계에서 열 번째로 큰 영토를 가진 나라다. 프랑스는 지중해를 마주보고 있는 알제리를 프랑스 연방에 넣어 소유하고자 하는 욕망을 마지막 순간까지 포기하지 않았다. 이를 저지하기 위해 독립투사들이 벌인 무장 투쟁으로 적어도 수십만 명, 많게는 백만 명 이상이 목숨을 잃었다. 1962년 독립을 쟁취한 뒤에 사회주의 노선을 취한 알제리는 1991년부터는 10여 년간 내전 사태를 맞았다. 이때도 십만 명 넘는 인명이 희생당하는 비극이 계속되었다.

그처럼 오늘의 알제리가 만들어지기까지 엄청난 피가 뿌려졌다. 현재의 알제리 민주주의는 수많은 피를 먹고 자란 나무였던 것이다. 알제리 포도주가 유난히 붉은 이유는 거기에 있다.

2011년 튀니지에서 촉발된 '아랍의 봄'이 전 아랍을 쓰나미처럼 덮쳤다. 독재자들이 활개를 치던 아랍의 모든 공화국들은 혁명의 파도에 휩싸였다. 튀니지, 리비아, 이집트, 예멘, 그리고 시리아는 지독한 혼란과 내전에 휘말렸다. 그러나 이미 민주 정권을 확립한 알제리는 조금도 동요함이 없이 조용하게 봄을 관망하고 있었다. 정통성 있는 민주 정권은 그렇게 힘이 센 것이다.

'사해死海'에서
황금 물고기를 낚다

마그레브 시장을 누비다

"이건 사람이 감당할 수 있는 더위가 아니군………."

비 오듯 땀이 흘러내리고 있었다. 나는 그런 땀을 닦아낼 생각도 하지 못한 채 푸넘했다. 땀 위로 땀이 흐르고, 그 땀을 닦아낼 손수건조차 흠뻑 젖어있는 상태였으니…….

1990년 여름, 리비아였다. 사하라 사막을 국토의 대다수로 안고 있는 리비아는 여름이면 철저하게 그 영향권으로 들어간다. 세상이 온통 용광로처럼 변한다. 이런 날씨에는 웬만한 에어컨도 성능을 발휘하지 못하고 퍼지게 마련이다. 바람이라도 받으면 나을 줄 알고 자동차의 창문을 열면 열기가 몸을 휘감아 더 견디기 어렵다. 나는 그런 리비아를 겁도 없이 들어간 것이다.

그 무렵 나는 마그레브 시장을 무대로 동분서주하고 있었다. 마그레브란 '해가 지는 서쪽 땅'이라는 뜻으로, 리비아 · 알제리 · 튀니지 · 모로코 등이 위치한 지역을 가리키는 말이었다. 이름에서 그려지는 이미지 그대로 하나같이 낙후되고 정정이 불안한 곳들뿐이다. 그러나 나는 기쁜 마음으로 짐 가방을 둘러맨 채 한달음에 공항으로 달려갔다. 온몸을 불사르며 내 업의 본질을 이해하고 그것을 내 것으로 만들겠다는 꿈. 이집트행 비행기 안에서 다졌던 바로 그 각오를 위해서였다. 환경의 척박함 따위는 전혀 문제되지 않았다. 오히려 전투 의지만 북돋을 뿐이다. 나는 해외영업 전사였던 것이다.

자동차는 EGC(리비아 국영 전자 회사)의 정문을 통과하고 있었다. 나는 자세를 곧추세우고 이제부터 시작될 전투를 머릿속에 그리고 있었다.

안 되면 되게 하라는 유산

리비아는 사회주의 경제를 취하는 나라였다. 이 때문에 개인이 수입을 하려면 정부의 고시 환율보다 두 배 이상 비싼 시중 환율로 수입을 해야 했다. 공식 환율을 적용하여 수입을 할 수 있는 것은 오직 정부 기업뿐이었다. 게다가 전자 제품 현지화란 목표 아래 완제품 수입을 금지했다. 모든 전자 제품은 부품 상태로 수입을 하고 국영 기업에서 조립을 한 뒤에 저렴하게 판매하는 구조였다.

따라서 우리가 리비아에 물건을 판매할 수 있는 건 부품 상태로 파는 방법이 유일했다. 그런데 그 정부 기업인 EGC는 이미 유럽 업체인 필립스와 톰슨이 장악하고 있었다. 한국 기업으로는 S사와 D사가 뭔가 기회를 얻을 수 있지 않을까, 이리저리 기웃대고 있던 상황이었다. 우리 회사는 아직 접근조차 하지 못한 땅이었던 것이다. 당시 리비아 현지에 건설업체를 갖고 있던 S와 D사는 우리보다 먼저 그룹 내 종합상사가 진출해 있었지만, 우리에겐 그런 것조차 없었다. 말 그대로 '맨땅에 헤딩'이 우리가 할 수 있는 전부였다.

어렵사리 수소문을 하고 처음으로 찾아간 길이었다. 그러나 찾아간다고 만나줄 그들이 아니었다.

"당신이 방문한다는 어떤 언질도 전해들은 일이 없습니다."

대외 창구를 담당하는 EGC의 직원은 심드렁한 표정으로 말했다. 당연한 일이었다. 실무 매니저가 아자비란 인물이라는 사실을 알아냈을 뿐, 그와 약속을 잡은 건 아니었기 때문이다. 그러나 나는 부러 황당하다는 표정을 지으며 항의했다.

"그럴 리가요. 미스터 아자비와 분명히 약속이 되어 있는데……."

"아니, 그로부터 어떤 사실도 전해들은 바 없습니다. 그런 약속은 없는 것으로 알고 있습니다."

직원은 고개를 흔들었다.

'그렇지, 이렇게 순순히 만나 줄 그들이 아니겠지. 첫술에 배부를 수는 없을 테니 오늘은 이쯤에서 돌아가기로 하자.'

그날은 그렇게 돌아오고 말았다. 물론 그쯤에서 포기할 내가 아니었다. 며칠 뒤 나는 또 EGC를 찾아갔고 다시 한 번 거절당했다. 그리고 며칠 뒤의 방문, 다시 거절……. 마지막에 대외 창구 직원을 만났을 때, 그는 졌다는 듯이 가벼운 한숨을 내쉬었다.

"아자비 씨는 지금 사무실에 있습니다. 한국에서 상담 건을 가지고 내방한 손님이 있다고 전해드리죠."

나는 자리를 박차고 일어서 그를 얼싸안고 싶을 정도로 기뻤다. 리비아 사업의 진정한 첫발이 떼어진 셈이었기 때문이다.

이렇게 하여 나는 EGC의 실무 매니저 아자비를 만나게 되었다. 물론 그의 상관인 사이드를 만나기 위해서는 다시 몇 개월의 시간이 필요했지만 말이다. 사이드는 EGC의 사실상 대표로서, 사기업으로 치자면 CEO의 역할을 담당했다. 물론 그 역시 큰 의사 결정은 집행위원회의 명령에 따라야 했으므로 CEO보다는 사업 본부장에 가까웠지만 말이다. 어쨌든 사이드를 만난 것만으로도 나는 리비아 시장 공략을 위한 칠부능선을 넘은 것과 다름없다고 생각했다.

안 되면 되게 하라. 잘 알려진 이 말은 개발독재 시대의 군인 정신을 표현한 것이다. 그러나 생래적인 거부감을 가질 만한 이 말이 때로는 효과적인 비즈니스의 수단이 되기도 한다. 집요함과 인내, 끈기가 때로는 막힌 구멍을 뚫어주기도 하니까 말이다. 나도 모르게 내 몸에 각인된 개발독재 시대의 유산이었다고나 할까.

자부심과 깨달음

그들과 사업을 트기 위해 우리가 기울인 노력은 거의 눈물겨울 정도였다. 그들이 요구하는 어떤 일도 일주일 안에 해결되었고, 그들이 요구하는 프로젝트 제안서는 주어진 시간 내에 완벽하게 다듬어져 제출되었다. 그 제안서가 어느 정도였는가 하면 수십 억 달러에 달하는 건설 프로젝트의 제안서보다 더 완벽했을 정도였다.

리비아에는 우리와 함께 일하는 파트너사가 있었다. 우리는 그들과 태스크팀을 구성하여 그들의 요구를 철저히 반영하고 실행했다. 그들이 한국 공장을 실사하기 위해 방문했을 때 우리는 최고의 예우를 갖춰 맞이했다. 공항에서 초특급 리무진으로 호텔로 모셔가고, 쌍둥이빌딩에서 공장으로 이동할 때는 헬기까지 동원했다. 일국의 대통령을 모시는 수준의 예우였다.

이렇듯 3년여간 부단한 노력을 벌이자 마침내 꽃이 피고 결실이 맺어졌다. 리비아에 비디오 턴키 공장을 세우는 계약을 체결한 것이다. 물론 그 사이에도 정부 입찰을 통해 연간 1~2백만 달러 수준의 이조식 세탁기 완제품을 수출하는 사업은 있었다. 그러나 현지 공장 건립처럼 제대로 된 사업은 이제껏 없던 시기였다.

이 계약은 연간 10만여 대의 VCR 제품을 CKD(완전 녹-다운) 형태의 부품으로 공급한다는 것이었다. 금액으로 보면 연간 수천만 달러에 해당했고, 순이익도 수백만 달러 이상을 가져다주었다. 황금알을 낳는 거위였다.

우쭐대기는 이르다고 생각했지만 자부심이 밀려드는 건 어쩔 수 없었다. 아니, 그런 성취가 정말 대단하고 자랑할 만하다고 생각했다. 시간이 흐른 지금의 눈으로 보면 그런 성공은 개인이 아니라 회사, 파트너사 등 관계자 모두의 노력과 일사불란한 팀워크에 따른 결과라는 사실이 분명하지만 말이다. 어쨌든 당시 나는 리비아에서의 성취가 아직 젊은 나이에 이룩한 커다란 결실이라는 자부심으로 가득했다.

그런데 그것 말고도 리비아 사업을 통해 얻은 깨달음이 있었다. 어렵고 힘들어서 남들이 시도하지 않은 일, 거들떠보지 않은 시장을 공략한다는 일의 중요성에 대해서였다. 성공의 길은 의외로 거기에 있다는 발견이었다.

'죽음의 바다'에 사는 황금 물고기

데드 씨^{Dead Sea} 즉 사해라 불리는 바다가 있다. 실제로 보면 바다란 이름이 어울리지 않는 호수이다. 그런데도 굳이 바다라 불리는 것은 아마도 바다보다 10배나 높은 염도를 자랑하기 때문일 것이다. 죽음의 바다란 이름에 걸맞게 이곳에는 생명체가 살 수 없다. 최근에 두 종류의 미생물이 발견되었다고 하지만 생명을 위한 환경과는 거리가 멀다.

그런데 요르단은 이곳에서 황금 물고기를 낚고 있다. 사해는 해저면 아래 400미터에 위치한다. 덕분에 자외선이 평지보다 훨씬 더 많이 대기에 흡수되어 피부에 주는 피해가 최소화된다. 겨울철이면 햇빛이 부족한 북구 유럽인들이 겨울 선탠을 위해 몰려든다. 뿐만 아니라 천연 미네랄이 풍부한 사해 머드와 소금을 미용 상품으로 개발하여 큰 수익을 올리고 있다. 바다가 주는 생선과는 전혀 다른 종류의 물고기를 낚고 있는 셈이다. 사해 관광에 힘을 기울이는 요르단을 보면, 척박한 환경도 어떻게 접근하느냐에 따라 얼마든지 알짜배기 수익원으로 거듭날 수 있다는 것을 알게 된다.

우리는 마그레브 시장에서 조금 다른 형태로 그것을 실현했다. 모두가 '척박하다'는 낙인을 찍고 외면했지만 사실 이 시장 안에는 엄청난 사업 기회들이 널려 있었다. 우리는 그곳에 남보다 앞서 진출하고 선점함으로써 순도 높은 결실의 주인공이 되었다.

마그레브에서만이 아니었다. 뒷날 내가 맡게 된 레반트('해가 뜨는 동쪽의 땅'이라는 뜻. 시리아, 이라크, 레바논, 요르단, 팔레스타인, 이스라엘 등을 가리킨다.) 시장에서도 똑같은 일이 되풀이됐다. 이 시장은 규모도 작거니와 내전, 테러, 폭동이 잦은 비즈니스계의 3D였다. 더럽고 힘들고 위험해서 아무도 찾지 않았다.

우리는 아무도 주목하지 않았던 이 시장을 천하의 옥답으로 바꾸었다. 현지화란 특별한 전략을 통해서였다. 우리는 현지에 공장을 지음으로써 이들 시장이 고용 창출과 전자 산업 육성이라는 두 마리 토끼를 동시에 잡게 해주었다. 그 반대급부로 우리가 얻은 것은 특혜적 관세 혜택을 비롯한 수많은 지원이었다.

심지어 우리는 모든 업체들이 위험하다고 철수한 현지에 사무실을 열기까지 했다. 그로써 현장 경영이 가능하게 됐고, 이것은 현지 판매상들의 전폭적인 신뢰를 확보하는 계기가 되었다. 남들이 거들떠보지 않았기 때문에 저렴한 광고비를 활용해 최대한 많은 광고판을 세웠고, TV광고도 대대적으로 실행할 수 있었다. TV에 장학 퀴즈쇼도 하고, 난민 지원 프로그램에 참여하기도 했다. 소비자들의 마음은 그런 우리에게 열릴 수밖에 없었다. 우리가 이 시장에서 부동의 1위를 달성한 건 어쩌면 당연한 일이었다. 이후 수십 년간 우리는 이 지역의 지배자로서 남들은 상상하지 못했던 성과를 거뒀다.

남들이 주목하지 않는 곳에서 알짜배기 기회가 열린다

특히 이들 시장을 선점한 효과는 2010년 이후 더욱 도드라졌다. 당시 우리 회사는 전 세계적으로 부진을 면치 못하고 있었다. 혁신적인 TV 기술과 스마트폰으로 무장한 경쟁사의 맹공으로 모든 시장에서 죽을 쓰고 있었던 것이다. 그러나 중동 시장에서 얻는 큰 흑자는 우리 회사를 지탱하는 무시할 수 없는 버팀목이 되어주었다. 위험부담 Risk Taking 이 숙성시켜준 과일의 당도가 그만큼 높았던 것이다.

나는 이 경험을 통해 남들이 주목하든 그렇지 않든, 우리가 무시할 수 있는 시장은 단 하나도 없다는 교훈을 얻었다. 오히려 남이 주목하지 않는 척박한 땅에서 알짜배기 기회가 열릴 수 있음을 생생하게 목격했다. 사해의 황금물고기 낚시꾼은 요르단 말고도 또 있었던 것이다.

　돌이켜보면 리비아에서의 사업은 내가 후진국 시장의 매력에 흠뻑 빠지게 된 계기의 하나였다. 그런데 이것은 개인만이 아니라, 비즈니스 세계에서의 성공을 위해서도 아주 중요한 시사점을 던져주고 있었던 것이다.

리비아 수박

리비아의 명품 먹거리 중에는 한국인이 재배한 것도 있었다. 리비아에 진출한 건설업체에 공급하기 위해 한인 농부가 무와 배추, 수박을 재배했던 것이다.

배추는 한 포기의 무게가 자그마치 5~6킬로그램이 넘을 만큼 크고 속이 꽉 찼다. 김치를 담그면 한 포기로 십여 명의 대식가가 먹고도 남을 수준이었다. 무 역시 한국에서와는 비교하기 어려운 사이즈였다. 튀니지에서 리비아로 월 1회 출장을 갔다 돌아올 때면 으레 큰 이민 가방에 배추와 무가 담겨 있었다. 그러면 개선장군과도 같은 환영을 받았다.

이렇게 무와 배추가 크게 자란 데에는 태양과 물 그리고 토양의 영향이 컸다. 거기에 더하여 적당히 그늘을 만들어서 채소들이 야성으로 돌아가지 못하게 하는 농부만의 특별한 기술이 작용했기 때문이다.

수박 역시 워낙 커서 쪼개지 않고서는 한 번에 대형 냉장고에 넣을 수 없을 정도였다. 그런 놈을 쪼개기 위해 칼을 살짝만 대도 두 동강으로 쩍 갈라졌다. 그 맛은 어떤 수사로도 표현하기 힘들다. 북부 아프리카 어디를 가도 그런 수박을 만나기는 어려웠다. 그 한인 농부만의 특별한 재배 기술 덕분이었다.

시장이 없으면
만들어서 선점한다

튀니지 지사장으로 부임하다

1991년 10월, 나는 A지사장의 배웅을 받으며 카이로 공항을 나서고 있었다. 지사장과 마지막 포옹을 하며 돌아서는데 갑자기 눈시울이 뜨거워져 왔다. 나를 지사장으로 만들기 위해 뛰었던 A지사장의 노고에 대한 감사, 또 그라는 큰 우산이 벗겨지는 순간 다가오는 막중한 책임감에 감정이 북받쳤던 것이다.

북아프리카의 휴양지로 알려진 튀니지는 한국에는 잘 알려지지 않은 땅이다. '두 발은 아프리카를 딛고, 가슴으로는 코란을 암송하고, 두 눈은 프랑스를 향한다'는 나라 튀니지. 이 나라는 아프리카적 토양에 이슬람을 받아들이고 여기에 프랑스 식민지 경험까지 곁들인 독특한 분위기를 갖고 있었다. 나는 이제 이 나라와 그 인접국들을 공략하는 전초 기지의 책임자가 된 것이다.

"Where are you from(어느 나라에서 왔어요)?"

난생 처음 보는 동양인이 신기했던지 사람들은 연신 내가 어디에서 왔느냐고 물었다. 나처럼 생긴 사람을 대표하는 나라여서인지 중국인이냐고 묻기도 하고, 아시아 사정에 조금 밝은 사람은 일본인이냐고도 묻는다. 내가 한국에서 왔다고 대답하면, 깜짝 놀란 표정으로 엄지손가락을 척 치켜 올린 뒤 함박웃음을 짓곤 했다.

당시 한국의 대기업으로 튀니지에 지사를 둔 회사는 없었다. D상사 정도가 사무실을 모로코에 두고 가끔씩 다녀가는 정도였다. 튀니지교역이 미미하던 시절이었으니 어찌 보면 당연했다. 그런 미지의 나라에 우리가 최초로 발걸음을 내딛은 것이다. 이를테면 나는 개척의 선봉인 셈이었다. 어깨가 무거웠다.

'듣보잡(듣도 보도 못한 잡스러움)'을 넘어서

지사를 개설한 나는 카림 베즈다란 직원과 비서 한 명을 고용한 뒤본격적으로 사업에 뛰어들었다. 카림은 튀니지 최초의 국비 장학생으로 미국에서 MBA를 마친 재원이었다. 보통 키에 다부진 체격을 가진그는 스스로를 투르크의 후손이라고 했다. 내가 보기에는 원주민인 베르베르인의 피가 더 짙어 보였지만 말이다. 어쨌든 그는 성실했고, 뛰어난 영어 실력으로 튀니지 사업에 나선 나를 크게 도와주었다.

당시 튀니지에서 TV 사업을 하는 업체는 다섯이나 되었다. 이들업체와 합작 진출한 기업은 톰슨, 텔레푼켄, 필립스, 그룬디히 등 쟁쟁한 유럽의 브랜드들이었다. 일본이나 한국 브랜드는 단 하나도 자리를잡지 못하고 있었다.

나는 먼저 TV 사업의 시작을 위해 다섯 업체를 하나씩 만났다. 운이 좋았다. 마침 텔레푼켄과 계약기간이 끝난 업체 하나가 우리와 사업을 추진하는 데 동의했던 것이다. 현지 업계 3위를 하는 텔레스타라는 기업이었다. 계약을 하고 오더를 받고 선적을 하는 데까지 반년도 걸리지 않았다. 카림과 함께 매일같이 밤을 새워 일을 한 덕분이었다.

물론 순풍에 돛을 달았다고 말할 수는 없었다. 딜러나 소비자들 입장에서 우리 회사 브랜드는 요즘 말로 '듣보잡' 그 자체였다. 연간 수요 12만 대의 튀니지 시장에서는 월 평균 1만 대 수준이 수요의 전부였다. 우리의 목표는 월 1천 대로 나가다가 3년 내로 월 3천 대, 점유율 30%를 달성한다는 것이었다. 그런데 그게 생각만큼 쉽지 않았다.

텔레스타를 통해 확보한 기존 유통을 관리하느라, 또 새로운 유통을 늘리느라 전국을 매일같이 돌아다녔다.

"한국 OO전자에서 온 류태헌이라고 합니다. 저희 제품에 대해 잠깐 설명 드려도 되겠습니까?"

도매상이든 소매상이든 닥치는 대로 쫓아다니며 소맷자락을 붙들고 늘어졌다. 그러나 우리가 원하는 수준으로 판매가 늘지는 않았다. 발로 뛰는 것의 한계가 온 것이다. 소비자가 찾지 않는 브랜드는 절대 성공할 수 없다는 사실을 그 때 처음으로 절감했다.

재고가 쌓이기 시작하고, 거래선의 현금 흐름은 나빠졌다. 당연히 우리 회사로 오는 오더는 격감했다. 우리는 새로운 활로를 찾아야 했다.

'땅개처럼 온 사방을 누비고 다녀도 판매는 오르지 않는다……. 자, 그렇다면 이 한계를 어떻게 돌파해야 할까…….'

나는 고민에 빠졌다. 고심을 거듭한 결과 점점 뚜렷해지는 결론이 있었다. 이제는 효과적인 광고가 필요하다는 것이었다. '고공 폭격'을 가해 고여 있는 연못 같은 시장에 파문을 일으켜야 했다. 그 기회를 틈타 우리 브랜드의 인지도를 높이고 시장을 흔들어야 했다.

노란 바탕에 빨간 왕관, 그리고 까만 글씨로 회사 로고를 박은 빌보드 50개. 어느 날 이 낯선 광고판이 튀니스(튀니지의 수도) 시내와 지방도시로 뻗은 도로변에 일제히 세워졌다. 그야말로 센세이션이 일어났다. 일찍이 튀니지에서 이토록 대담한 광고를 했던 브랜드는 없다고 했다. 빌보드만이 아니었다. 신문과 라디오 등 TV만 빼고 모든 매체에 광고를 시작했다. 시장은 깜짝 놀랐고 소비자와 딜러들로부터 호기심에 가득 찬 전화가 폭주하기 시작했다.

광고 전략은 대성공이었다. 제품이 움직이기 시작했다. 8개월이 지나자 정상적인 재고 수준에 도달했고, 우리는 월 1천 대의 판매를 달성할 수 있었다(월 3천 대의 판매 목표도 정확히 3년째에 달성했다). 결국 우리는 TV를 필두로 냉장고에 이어 에어컨까지 공급하는 종합 가전으로 소비자에게 인정받았고 전 종목에서 1위의 자리에 올랐다. 유럽 업체 중심으로 구성된 안정적인 경쟁 시스템에 뛰어들어 시장의 평정을 흔들어버렸고, 그렇게 찾아온 기회를 제대로 낚아챈 결과였다.

주력 세탁기의 시장이 없다!

그런데 문제는 세탁기였다. 당시만 해도 우리 수출의 주력 제품은 이조식 반자동 세탁기였다. 불행히도 튀니지에는 이 세탁기의 시장이 전혀 형성되어 있지 않았다. 유럽의 영향으로 우리가 드럼 세탁기라고 부르는 프런트 로더 세탁기가 시장의 주력이었다. 그런데 이 세탁기는 가격이 워낙 비싸 연간 수요가 3만 대도 채 되지 않았다.

"이 세탁기는 온수를 어떻게 만들지요?"

"온수가 없고 냉수로만 작동된다니 고장이 난 게 틀림없구먼."

처음에 이조식 세탁기를 선보이자 모두들 고개를 갸우뚱거렸다. 뜨거운 물도 없이 어떻게 세탁이 되겠냐며 제품으로 취급조차 하지 않았다. 그때 소비자들로부터 들은 가장 많은 질문이 바로 '온수'에 관한 것이었다. 그들의 상식으로 세탁기는 당연히 끓인 물로 돌아가는 물건이었던 것이다.

팔아야 할 물건이 있는데 시장이 없다니 답답한 노릇이 아닐 수 없었다. 당연히 매출은 바닥을 기고, 재고는 쌓여 우리의 좌절감도 깊어 갔다. 그러나 마냥 손가락만 빨고 있을 수는 없었다. 다행히도 내 눈에는 상황을 반전시킬 계기가 보이기 시작했다. 젊은 사업가 패티 하시샤가 등장한 것이다.

변방의 고독한 사업가 패티 하시샤

"아버지, 저는 미국 생활이 싫습니다."

"무슨 소리야, 미국 간 지 며칠이나 되었다고……. 제대로 해보지도 않고 싫다니…….

"저하고 적성이 맞지도 않고요. 배울 것도 없습니다."

"아무리 그렇더라도 벌써 그만 둘 수는 없으니, 좀 더 노력을 해보고 결정하자꾸나."

"너무 늦었어요, 아버지. 이미 저는 튀니스 공항에 도착했거든요."

패티는 그런 친구였다. 자신이 아니라고 느끼면 바로 행동으로 그만두었고, 자신이 맞다고 생각했으면 반드시 그 일을 해내고 마는 것이 그의 특징이었다.

그를 알게 된 것은 텔레스타를 통해서였다. 이 회사 사장의 사위가 바로 그였다. 그는 하시샤 그룹의 장남으로서 튀니지 최고의 제분공장과 플라스틱 사출 공장을 경영하는 중견 사업가이기도 했다. 하시샤의 출현은 나에게 가뭄에 단비와 같은 일이었다. 마땅한 파트너를 찾지 못해 어쩔 수 없이 텔레스타와 TV 사업을 추진하기는 했지만, 이 회사는 노쇠하고 보수적이며 자금 사정도 여의치 않았다.

새로운 진입자로서 하시샤 그룹은 신선한 에너지와 열정으로 가득했다. 가전 사업에 대한 노하우나 업계 상식은 부족했지만, 새로운 성장 동력을 찾고 있던 그들에게는 큰 매력이 있는 미래 사업으로 인식되고 있었다. 그래서 적극적인 투자를 마다하지 않겠다는 의지가 충만했다. 새로운 시장에서 일을 시작하는 우리 회사에게는 오히려 어울리는 파트너란 생각이 들었다. 우리는 그와 손잡고 세탁기 사업에서 TV 사업에 이은 또 하나의 기적을 만들고자 했다. 튀니지에 없는 이조식 반자동 세탁기 시장을 만들려는 것이었다.

우리는 그를 설득해 일렉트로스타라는 기업을 설립하도록 했다. 이것은 나의 생각과 전략을 시장에 제대로 적용해 내는 전환점이 되었다.

시장이 없으니 만들어서 선점한다

패티 하시샤는 빠르게 사업적 역량을 발휘했다. 공장을 세우고 서둘러 생산 라인을 깔았다. 이와 별도로 유통에도 발 빠른 투자를 감행해 최소한의 판로도 확보했다. 눈부신 속도전이었다. 이 역시 그의 성격에 힘입은 바가 컸다.

우리는 소비자 설득을 위해 모든 것을 제로베이스에서 다시 시작했다. 세탁의 원리부터 시작해서 작동의 편리함, 물 부족 국가인 튀니지에서 최소한의 물 소비량과 전력으로 세탁이 가능하다는 점을 적극 홍보했다. 무엇보다 당시 700달러대를 넘던 드럼 세탁기의 절반 가격으로 구매가 가능하다는 가격적 매력은 무시하지 못할 소구 포인트였다.

그러나 이 설득 작업이 말처럼 쉬울 리가 없다. 소비자의 선입견은 좀처럼 깨지지 않는다. 시장에 전혀 새로운 콘셉트의 제품을 내놓고 성공시킨다는 것도 여간 힘든 일이 아니다. 그래서 보통 사업가들은 이미 형성되어 있는 시장에 더 좋은 제품을 내놓거나, 더 저렴한 가격으로 소비자들을 공략한다. 새로운 제품으로 승부를 걸어서 새로운 시장을 만드는 일이 얼마나 어려운 일인지를 알기 때문이다. 그런데 우리가 해내야 할 일이 바로 그것이었다.

사람들의 생각을 바꾸는 일에는 여러 가지가 필요하다. 미디어를 통한 소비자와의 소통, 광고를 통한 설득, 그리고 사전에 충분히 교육된 점포 점원과 고객의 일대일 대면 전략 등이 적절히 구사되어야 한다.

우리 회사와 패티의 일렉트로스타사 직원들은 이 일을 추진했다. 홍보를 위해 언론사 기자를 초청해서 설명회와 시연회를 진행했다. 신문 광고 시안을 만들고 주력 신문에 광고를 올렸다. 전단지를 만들어 돌리고 판매원들을 모아서 교육을 시작했다. 적지 않은 비용이 들었지만 패티는 과감하고도 우선적인 투자를 감행했다.

방향이 맞으면 동력을 넣은 차는 목적지에 도달하게 돼 있다. 시간이 흐르면서 소비자들의 시선은 조금씩 바뀌기 시작했다. 몇 달이 지나자 더 이상 뜨거운 물 타령을 하는 소비자는 나타나지 않았다. 오히려 이조식 세탁기가 가진 강점들이 소비자들의 마음을 움직이면서 조금씩 대세를 형성해가기 시작했다. 우리는 결국 5만 대의 판매를 달성했고 자연스레 튀니지의 세탁기 시장을 석권했다. 없는 시장을 만들어 선점하는 기적을 이룬 것이다.

북부 아프리카의 이조식 세탁기 시장은 튀니지를 넘어 꾸준히 성장했다. 이것은 전적으로 우리 회사가 새롭게 만든 시장이었다. 재미있는 일은 우리 회사가 드럼 세탁기를 개발한 뒤에 일어났다. 이때 북부 아프리카 시장도 드럼 세탁기로 주력이 바뀌었는데, 이번에는 한국산 대형 드럼 세탁기가 다시 시장을 석권했던 것이다. 한번 주도권을 확보하고 나면, 그것을 바탕으로 새로운 제품으로의 전환도 용이하다는 점을 배울 수 있는 계기였다.

이 경험은 내가 본사 세탁기 수출팀장으로 일할 때도 고스란히 반복되었다. 남미의 칠레에서 세탁기 시장을 유럽식 드럼형에서 한국식 전자동 세탁기로 바꾸었다가, 다시 한국형 드럼 세탁기로 바꾸었던 것이다. 물론 받쳐주는 기술이 있어서이기도 했지만, 그 어려운 일을 우리는 많은 시장에서 해냈다.

산이 있어서 거기에 오른다고 했던가. 그러나 시장이 있으니 거기로 들어간다는 수동적인 자세로는 치열한 경쟁의 시대를 버텨낼 수 없다. 우리는 우스갯소리로 뛰어난 영업은 절에서도 빗을 판다느니, 알래스카에서 냉장고 판매율을 획기적으로 높인다느니 하는 말을 한다. 그러나 농담이 아니다. 진짜 훌륭한 영업인과 기업은 그 정도의 기백과 아이디어가 있어야 하기 때문이다. 그래야 시장을 선점하고 지배하는 영광의 주인공이 될 수 있다.

사업은 가도 우정은 남는다

2016년 7월, 튀니스의 여름은 사하라의 열풍이 아닌 지중해의 미풍이 밀려오는 시기였다. 쾌적했다. 실로 15년 만에 튀니지를 방문하는 나는 감개가 무량했다. 시장 방문을 목적으로 한 여행이었지만, 나는 두 사람을 만날 생각에 가슴이 부풀어 올랐다. 한 명은 내가 최초로 고용했던 직원인 카림 베즈다, 또 한 사람은 바로 패티 하시샤였다.

94년 나는 본사 세탁기 수출팀장으로 발령받아 귀국해야 했다. 카림과 이별의 순간이 찾아온 것이다. 마지막 만찬 자리에서 카림은 눈물을 펑펑 터뜨렸다.

"여태 보스만 바라보며 살았는데, 이렇게 헤어지니 어쩔 바를 모르겠군요."

나는 그를 안고 눈시울을 붉힐 수밖에 없었다.

카림은 내가 튀니지를 떠나고도 3년간 더 회사에 머물렀다. 그리고 다른 회사의 간부로 발탁되어 전직했다. 이후 소니의 독점 거래선 사장이 되었다가 최근에는 개인 사업을 하고 있다고 했다.

수소문 끝에 그를 찾았을 때, 우리는 공항에서 짧은 해후를 나눌 수밖에 없었다. 다시 만난 그는 정열적인 중년으로 변해 있었다. 그러나 선한 눈과 매력적인 웃음만은 여전했다. 나는 지금도 그를 만난 것을 큰 행운으로 생각한다. 그로 인해 나의 튀니지 삶은 윤택했고, 사업 역시 더욱 완성도 높게 펼쳐갈 수 있었기 때문이다.

아쉽게도 패티와는 만날 수 없었다. 그러나 그가 남긴 메시지는 언제고 내 귓가를 떠나지 않았다.

"친구야, 내게 있어서 자네는 사업적 관계를 훨씬 뛰어넘는 사람이었지. 자네가 내게 했던 충고는 이미 충고가 아닌 명령이었네. 그래서 나는 그 명령을 수행했고 결과적으로 우리는 성공을 했지. 언제든 자네의 말을 경청하겠네."

내가 퇴임을 했다는 말을 전해 들었는지, 얼마 전에 그로부터 전화가 왔다. 당분간 쉬면서 앞으로 무엇을 할 것인지를 고민하겠다는 말을 듣고 그는 웃으며 말했다.

"언제든 튀니지행 티켓은 오픈되어 있으니 맘만 내키면 내일이라도 오시게나."

나는 그를 만날 것이다. 언젠가 위스키 잔을 든 채 지중해를 바라보며, 함께 나눈 시절을 회상하고, 서로의 미래를 격려할 것이다. 세월이 가면 사업도 가지만 시간의 바퀴 속에 새겨 두었던 우정은 이렇게 남는 것이다.

1990년대 초반 중동 아프리카의 풍경

한번은 튀니스의 한 중국 음식점에서 거래선과 식사를 하고 있는데, 한국인으로 보이는 일행이 들어왔다. 그들은 리비아의 건설 회사를 방문하고 튀니지를 경유해서 귀국을 하려는 출장자들이었다. 당시 리비아는 비행 금지 구역으로 묶여 있었다.

한국 식당이 없어서 그곳을 찾았다는 일행 중에는 여성도 있었다. 그녀는 내가 한국의 회사에서 일한다는 말을 듣자 반색을 했다. 사막에서 우리 회사의 광고판을 보고 너무 기뻐서 달리던 차를 세우고 기념 촬영까지 했다는 것이었다. 그런 때였다. 조국의 흔적이 살짝만 스쳐가도 코끝이 찡해질 만큼 한국인의 진출이 드물었던 1992년, 그 시절의 풍경은 그랬다.

우리가 글로벌 시장에서
쓰러지지 않는 이유

5년 만의 금의환향

1994년 튀니지 사업으로 정신이 없던 나는 느닷없는 본사 귀임을 명받았다. 세탁기 수출팀장을 맡으라는 새로운 명령이 떨어진 것이다. 북아프리카 시장에서의 활약이 높게 평가받은 결과였다.

5년만의 귀향. 정말 한눈팔지 않고 열심히 뛰어온 세월이었다. 꼭 그만큼 나는 다른 사람으로 변모해갔다. 더 이상 방황하거나 의기소침한 류태헌은 없었다. 뜨거운 태양과 지중해의 해풍이 나를 단련시켰다. 구릿빛 피부만큼이나 나는 당당하고 자신감 넘치는 영업 전사로 탈바꿈해 있었던 것이다.

그래서 세탁기 수출팀장을 맡았을 때 나는 어떤 두려움도 느끼지 않았다. 무슨 일이든 회사의 기대를 충족시킬 자신감이 있었다. 그런데 막상 내가 맡을 세탁기 사업은 그렇게 전도유망한 분야가 아니었다. 오늘날 우리 회사의 글로벌 전략에 있어서 세탁기 사업은 단연 앞서 나가는 사업 중의 하나이다. 회사 내부에서 뿐만 아니라 세계적으로도 제1의 매출과 이익을 올리고 있다.

그러나 그 무렵만 해도 그렇지 않았다. 회사에서 세계화 수준이 가장 뒤떨어진 사업이었다. 이웃하고 있던 냉장고나 에어컨과 비교해도 규모나 내용에서 비교가 되지 않는 낙후성을 보였다. 이처럼 우울한 세탁기 사업의 현황을 파악하면서 나는 서서히 긴장할 수밖에 없었다.

세계화를 추진할 수 없는 이유

한 가지 다행스러운 일은 세탁기 사업부가 막강한 연구 개발 역량을 갖고 있다는 사실이었다. 나중에 부회장 자리에까지 오른 고졸 신화의 주인공 J 연구실장이 중심을 잡고 있기에 가능한 일이었다. 그의 주도 아래 연구 개발 부서는 인재 양성의 산실이자 신제품 개발의 최전선으로 세탁기 사업의 일익을 담당하고 있었다.

이들의 열정은 늘 놀라움을 안겨주었다. 언제나 시장을 누비며 소비자를 접촉했고, 그들로부터 제품의 장단점과 개선점을 흡수했다. 후발주자로서의 핸디캡도 이들의 제품 개발 열망을 꺾지 못했다. 오히려이들은 그것을 발전의 계기로 활용했다. 앞선 기술을 가진 브랜드 제품을 연구하고 소화해서 자기 기술로 체화해 나간 것이다. 이를 바탕으로무엇을 어떻게 차별화시킬 것인가에 대한 아이디어를 축적해 나갔다.

90년대 초 퍼지 세탁기, 카오스 세탁기를 개발한 것은 이런 기술습득력과 차별화 능력의 결실이었다. 그리고 마침내 독자 기술로 통돌이 세탁기를 탄생시켰다. 이 세탁기들은 모두 한국 시장에서 대박을 친

제품들이었다.

그런 와중에 세계 시장에 대한 우리의 열망에 불을 지핀 사건이 일어났다. 어느 날 회사에 출근하자 직원들이 아침에 배달된 조간신문을 놓고 놀란 표정으로 대화를 나누고 있었다.

"이야, 이렇게 대뜸 세계로 나가겠다는 건가?"

"나름 차별화된 신제품이 있으니 한번 해보겠다는 생각이겠지."

"그런데, 그게 쉽게 이뤄질까⋯⋯?"

그 무렵 D사는 공기방울 세탁기라는 신 모델을 출시했다. 이를 바탕으로 세계화를 추진하겠다는 야심만만한 전략을 발표한 것이다. 세계 12곳에 공장을 짓고 세계 제1의 세탁기 업체가 되겠다는 것이었다. 한국 시장에서도 3위의 지위로 두 거대 경쟁사에 짓눌려 있던 D사가 그런 기사를 낸 것은 다분히 언론 플레이 성격이 짙었다.

"D사가 앞서 나가는데 우리라고 지켜보고만 있을 수는 없잖아!"

이 소식을 들은 회사는 세탁기의 세계화를 심각하게 고려하게 됐다. 우리는 서둘러 회의를 소집했다. D사의 전략을 분석한 뒤 우리가 할 수 있는 방안을 강구했다. 결과적으로 그들의 언론 플레이와 움직임이 세계화에 대한 우리의 문제의식에 불꽃을 당긴 것이다.

그러나 장밋빛 전망은 없었다. 이때 우리는 한 가지 결론에 도달했다. 지속적인 기술 혁신을 이뤄왔지만 현 시점에서 세계 시장에 나가 본격적인 승부를 벌이기에는 아직 부족하다는 것이었다. 우리가 주력해온 와권식 수직형 전자동으로는 도저히 세계화를 추진할 수 없었던 것이다. 비록 우리가 수직형으로 이미 동남아와 일부 중남미 전자동 시장을 석권은 했지만 그 밖의 시장은 우리와 다른 방식이 시장의 주력이었기 때문이다.

세탁기의 미래는 수직형이 아니라 수평형 세탁기에 있었다. 세탁 성능이나 수자원 절약이라는 차원에서 가까운 미래에 세탁기 시장은 수평형이 평정할 것이 분명했다. 우리도 이제 드럼 세탁기 개발에 뛰어 들어야 할 순간이었다.

우회로

쉽지 않은 일이었다. 아무리 강력한 연구 개발 역량이 있다 하더라 도 기술적 낙후성을 단숨에 극복할 방법은 없었다. 고심을 거듭하던 우 리는 결국 몇 갈래의 우회로를 거쳐야 했다.

당시 회사는 한국 시장을 위해 독일 기술을 도입하여 소량의 드럼 세탁기를 생산하고 있었다. 세탁기 사업부는 이 세탁기를 수출용으로 개조하여 러시아 시장에 진출한다는 계획을 세웠다. 그러나 이 계획은 성공하지 못했다. 한국식 수직형 세탁기의 컨트롤 디자인과 드럼을 조 합한 제품은 성능 면에서나 판매 면에서 소비자의 기대를 충족시키지 못했다. 우리의 역량이 아직은 세계 소비자의 눈높이에 이르지 못했다 는 사실이 그대로 증명되고 말았다.

입맛이 썼다. 쓸쓸한 결과였다. 당시 우리는 드럼 세탁기 시장에서 는 축적된 기술도 시장 정보도 없었다. 시장과의 격차가 너무 컸다.

'하지만 이대로 주저앉을 수는 없지. 어떻게든 시장을 뚫을 방법을 찾아내야 한다.'

머릿속으로 마그레브 시장에서의 여러 일들이 스쳐갔다. 나는 그 곳에서 거의 단기필마로 맨땅에 헤딩을 하듯 시장을 개척했었다. 그런데 여기에 갖춰진 조건은 거기와는 비교할 수조차 없이 좋았다. 번듯한 영업조직과 든든한 사업부의 지원, 무엇보다 강력한 연구 개발 역량이 있었다. 흩어져가던 자신감을 추스르기에는 충분한 조건들이었다.

'못해낼 게 무어냐! 사람이 당해서 못 당할 일은 없으리니……'

다시 영업팀 회의를 조직해 아이디어를 만들었다. 수차례의 회의를 통해 우리는 터키 회사를 활용한 아웃소싱으로 드럼 시장의 가능성을 다시 한 번 타진해 보자는 결정을 내렸다. 두 번째 우회로였다. 그것으로 시장성이 확인되면 본격적인 수출 모델을 개발하자는 것이었다.

그렇게 터키 공장에서 생산된 새로운 모델이 시장에 선을 보였다. 우리의 기술은 컨트롤 패널에 불과했지만 이전의 세탁기보다는 확연히 진보한 제품이었다. 우리는 재차 러시아 시장의 문을 두드렸다. 이미 실패의 전례가 있었던지라 우리는 큰 기대를 품지는 않았다. 그런데 뜻밖의 일이 벌어졌다.

"팀장님! 이것 좀 보십시오!"

어느 날 수출팀의 러시아 담당 직원이 서류를 들고 뛰어왔다. 그가 내민 것은 러시아에서의 세탁기 판매 현황을 분석한 보고서였다. 나는 눈이 휘둥그레졌다. 그래프가 높은 각도를 유지하며 오른쪽으로 한없이 뻗어 올라가고 있었던 것이다.

"주문이 밀려들고 있습니다! 우리가 예상했던 것과는 전혀 다른 반응입니다."

기대하지 않았던 세탁기가 대박을 친 것이다. 출시한 지 2년 만에 10만 대가 넘는 세탁기가 팔렸다. 말 그대로 뜨거운 반응이었다. 아직은 어설픈 기술로 공략한 시장의 반응이 그렇듯 뜨거웠으니 우리는 기뽐 속에서도 어리둥절할 수밖에 없었다.

기술 혁신의 꽃, 다이렉트 드라이브

기대하지 않았던 성공은 우리의 자신감을 배가시켰다. 이제 예정대로 다음 스텝으로 나아갈 차례였다. 우리는 계획대로 본격적인 수출 제품의 개발에 착수했다. 수출 1호 드럼 세탁기는 그렇게 탄생을 기다리고 있었다. 그러나 나는 그 1호 제품을 보지 못했다. 그 무렵 나는 해외 지사로 발령이 나 새로운 곳에서 근무를 시작했던 것이다. 그 사이 러시아 시장을 목표로 준비한 제품 개발은 마침내 이루어졌고 이것은 시장에서 공전의 히트를 치게 되었다.

그러나 1호 드럼 세탁기의 성공에도 불구하고 회사의 기술은 여전히 남을 쫓아가는 수준에 머물러 있었다. 드럼 세탁기의 기술적 본질을 완전히 이해하기까지는 아직 갈 길이 멀었기 때문이다. 회사는 이후 몇 년의 시간을 기술 혁신에 쏟아 부었다.

내가 해외에서 법인장 생활을 하고 있을 무렵이었다. 어느 날 서울로부터 전언이 왔다. 수년간의 노력 끝에 마침내 신제품 개발에 성공했다는 소식이었다. 기존의 세탁 방식을 완전히 이해하고 한 차원 높은 세탁기를 개발했던 것이다. 다이렉트 드라이브라는 완전히 새로운 차원의 기술이 세상에 태어났다. 세탁기 사업이라는 미운 오리 새끼가 백조로 성장하고, 이제 창공을 비행할 멋진 날개를 얻은 순간이었다.

다이렉트 드라이브는 세탁기 사업부가 필생의 과업으로 개발한 독자 기술이었다. 기존의 세탁기는 모터의 회전 운동을 벨트를 통해 세탁통에 연결하여 구동한다. 그러나 다이렉트 드라이브는 모터를 세탁통에 직결시켜 구동하는 방식으로 고도의 모터 제어 기술을 구현한다. 모터의 움직임을 디지털로 통제하는 기술을 인버터라 하는데 바로 이것을 가리키는 것이었다. 우리는 이 기술을 수직형 세탁기에 적용하여 터보 드럼이라는 이름으로 출시를 했다. 세상에 없던 기술을 활용하여 유럽식의 5킬로그램급 소형 세탁기가 아닌 15킬로그램급 세탁기를 만들어낸 것이다.

회사는 이 제품을 한국 시장에 먼저 출시하여 공전의 히트를 쳤다. 이 성공을 기반으로 이번에는 초대형 시장인 미국 시장에 도전했다. 그것도 1500달러라는 가장 높은 가격으로 출시했다. 당시 미국 시장에서 고급 세탁기의 가격은 500달러를 넘지 않는 수준이었다. 프리미엄 시장을 목표로 한 것이기도 했지만 기술에 대한 회사의 자신감은 그렇게 강했던 것이다.

이후 DD(다이렉트 드라이브) 세탁기는 하나의 신화가 되었다. 미국 시장을 뜨겁게 달구며 이후 15년간 시장의 절대 강자로 군림했다. 미국 시장에서의 성공은 수많은 베스트 프랙티스 스토리를 만들어냈다. 또 선순환의 사업 고리를 완성해주었다. 회사는 이제 유럽형 소형 세탁기에 다이렉트 드라이브 기술을 채용하는 하방 전개를 했던 것이다. 이로써 회사는 전 세계 드럼 세탁기 시장을 뒤흔들게 되었다.

이런 성공에도 세탁기 사업부의 기술 혁신에 대한 의지는 줄어들지 않았다. 우선은 다이렉트 드라이브 기술을 원가 면에서도 일반 세탁기와 유사한 수준으로 끌어내리기 위해 노력했다. 이로써 생산하는 모든 세탁기에 이 기술을 채용할 수 있게 되었다. 그뿐만이 아니다. 신개념 세탁기인 스타일러를 개발하여 새로운 시장을 만들고, 하나의 몸체에 두 개의 세탁기를 장착한 트윈 와셔를 개발하는 등 기술적 진화를 멈추지 않고 있는 것이다.

"돈이 없지, 가오가 없나!"

오늘날 우리 회사와 라이벌 관계에 있는 것은 S사이다. 그런데 그들이 갖고 있는 자금력은 우리와는 비교 자체가 성립되지 않는다. 요즘 말로 '넘사벽(넘을 수 없는 4차원의 벽)'의 차이다. 그런데도 우리는 전자 산업에서 그들과 글로벌 시장을 양분하며 수십 년째 자웅을 겨루고 있다. 그 사이 수없이 많은 기업의 이름들이 시장에서 흔적 없이 사라져 갔다. 하지만 우리 회사는 당당하게 살아남았다. 아니 화려하게 세계 시장에 우뚝 서 있다. 아마도 그들의 입장에서도 가전 시장에서만큼은 우리라는 존재가 정말이지 징글징글하게 느껴지지 않을까 싶다.

그렇다면 우리에게는 어떤 비결이 있었던 것일까? 우리 회사가 글로벌 시장에서 생존을 넘어 업계의 선두주자로 그토록 오랜 시간 군림할 수 있었던 비결은? 나는 그 해답의 일단을 우리 회사의 세탁기 사업에서 찾을 수 있다고 생각한다.

요사이 시중에 유행하는 말 중에 "우리가 돈이 없지 가오가 없냐?"는 것이 있다. 빗대어 표현하면 나도 "우리가 자금력이 달리지 기술이 없냐?"고 말하고 싶다.

기술은 우리를 시장의 강자로 만들었고 기술 혁신은 우리의 성공을 지속시켜온 원동력이다. 우리가 수십 년의 세월 동안 가전 산업의 강자로 군림하며 글로벌 시장을 양분하고 있는 이유는 바로 기술력이다. 우리가 앞으로도 글로벌 경쟁의 파고 속에서 흔들리지 않는다면 그것도 기술 때문이다. 기술력이라는 핵심 역량의 중요성을 우리 회사의 역사가 고스란히 증명해 주고 있는 것이다. 세탁기 사업은 그 역사의 한 단면이었다.

고졸 신화 J 부회장

긴 다리에 큼직한 체구와 뚜렷한 이목구비를 한 그를 보면 서구인을 닮았다. 그는 어디서든 별로 나서지 않는 겸손한 사람이었다. 그러나 일에 몰입한 그는 호랑이였다. 항상 연구하고 고민하는 그는 철저한 기본기를 강조하는 사람이기도 했다.

그는 회사 내 누구보다도 시장 방문을 많이 했다. 거의 매달 시장을 둘러보러 해외로 떠났다. 일단 시장을 방문하면 아예 매장에서 살다시피 하면서 경쟁사의 제품을 유심히 관찰했고, 현장 판매 직원들과 대화를 나누었다. 자신의 두 눈으로 모든 것을 직접 확인했다. 그러면서 제품 개발에 대한 영감을 얻었다.

그러나 거기에서 멈추지 않았다. 매장만이 아니라, 제품을 사용하는 소비자의 집까지 방문해서 실제 설치되는 환경과 사용하는 방식을 확인하고 그들의 사용 경험을 경청했기 때문이다. 그를 직접 만나 본 사람은 아무도 그를 세계 최대 가전회사의 최고 경영자로 성장할 사람으로 보지 않았을 것이다. 그렇게 그는 자세를 낮추고 자신이 맡은 사업의 본질을 구현하기 위해 온몸을 던지는 사람이었다.

그의 이런 태도는 상사와의 관계에서도 잘 드러났다. 무슨 일이든 본질적으로 일의 목적을 만족시켜야 그 일을 진행했던 그는 결코 한순간의 모면을 위한 결정을 하지 않는다. 심지어 상사가 하지 말라는 것일지라도 스스로 맞다는 확신이 들면 진행을 했고, 집요하게 상사를 설득했던 것으로 기억한다.

러시아 시장을 위한 슬림형 세탁기를 개발할 때 있었던 일이다. 이때 우리는 신제품 개발 착수 보고서를 본부장에게 올린 일이 있다. 그러나 본부장은 이에 반대했다. 두 번이나 보고를 올렸지만 돌아온 답은 "이제 고집 그만 부리라."는 핀잔이었다. 그만큼 새로운 사업에 대한 부정적인 견해가 높았던 시기였다.

두 번째 보고를 드리고 나오면서 나는 그에게 물었다.

"이젠 어떻게 하죠?"

그는 담담한 표정으로 대답했다.

"어떻게든 설득을 해야지. 옳다고 믿는 일을 위에서 반대한다고 그냥 접으면 쓰나."

터키에서 소싱한 세탁기가 러시아에서 예상 외의 판매고를 올리고 나서야, 마침내 본부장은 새로운 세탁기 개발 계획을 허락했다.

"이제 개발을 시작하려면 몇 개월을 손해 본 셈이네요."

본부장실을 나오며 나는 푸념했다. 그러자 그는 씩 웃으며 말했다.

"괜찮아. 꼭 설득할 거라 믿고 이미 프로젝트를 투자가 일어나기 직전까지 진행해 왔다네. 개발 일정은 큰 차질이 없을 거야."

그렇게 만든 슬림형 세탁기는 러시아 시장에서 초대형 대박을 쳤다. 첫 개발 작품이 해외 시장에서 시작부터 그렇게 큰 성공을 거두는 것은 흔한 일이 아니다. 그만큼 그는 스스로 본질에 부합하는 일이라고 믿으면 그 일을 끝까지 밀고 나가는 용기와 고집을 갖고 있었다.

비록 공고 출신의 그였지만, 조직 내에서 그를 고졸로 내려 보는 사람은 아무도 없었다. 그의 일하는 방식이나 업무 역량은 학력과 무관하게 이미 박사들의 전문 지식을 훨씬 추월했기 때문이다. 어쩌면 그는 승진을 할 때마다 우리가 모르는 부당한 불이익을 받았는지 모른다. 그러나 그는 그처럼 현실적인 장애물을 뚫고 모든 경영자들이 원하는 최고 경영자이자 부회장으로 승진을 했다. 그의 역량을 편견 없이 평가하고 중용할 줄 아는 회사에서 일했고, 그의 능력을 제대로 알아보는 상사들을 만난 행운을 그는 타고 난 것 같다.

나는 그가 세탁기 연구실장을 하던 기간에 수출팀장으로 일했다. 그와 좋은 파트너 관계를 유지하며, 그의 시장을 대하는 방식에 큰 배움을 얻었다. 물론 그는 항상 나의 영업 방식을 지지한 것은 아니었다. 당시만 하더라도 매출 지상주의에 빠져 수익성을 도외시한 회사의 성장 전략에 그는 제동을 걸고 있었다. 그것으로 나와 트러블도 있었다. 하지만 그와 함께 한 6년의 시간이 세탁기 사업의 세계화에 밑거름이 되었다는 사실에 나는 큰 자부심을 갖고 있다.

2000년 내가 세탁기 사업을 떠나면서 그와의 직접적인 인연은 멀어졌다. 그러나 그와 나는 항상 멀리서도 서로의 성장을 마음 깊이 응원하는 관계였다. 그와 함께 세탁기 수출 사업을 하던 6년은 다시없는 행복한 시절로 기억되고 있다.

최초의
패배

사우디 체질이 아니다?

나는 태양인의 기질을 타고 났다. 그래서 명리학을 공부한 한 친구는 늘 이렇게 말했다.

"열이 많은 자네는 더운 지역을 피하고 물이나 얼음이 많은 곳을 택하면 더 알맞을 거야."

어느 날 영업 총괄 A부사장은 그런 나에게 열사의 나라 사우디의 지사장으로 나가라고 했다.

"사우디는 부자 나라인데 거래선들이 너무 현실에 안주하는 경향이 있네. 혁신이 필요한 곳인데 그런 정신을 자네만큼 갖춘 사람도 없으니 가서 잘 해주기를 바라네."

그때까지 나는 본사에서 6년간 세탁기 해외 사업을 했다. 사업을 세계화의 길로 탄탄하게 들여 놓았다고 자평하고 이제 다시 해외 지사로 나갈 준비를 하고 있던 참이었다. 그 지역이 태국이었으면 좋겠다는 희망을 피력했는데 나를 콕 집어 사우디로 나가라는 것이었다.

사우디는 외국인들이 살기 힘든 땅이라는 편견이 있는 곳이다. 언젠가 사우디 생활을 6년간 했다는 영국인과 대화한 적이 있다. 여기 온 지 얼마나 됐느냐고 묻기에 6개월이라고 했더니 그는 "사우디는 첫 5년이 어렵죠." 하면서 파안대소를 하는 것이었다. 그만큼 생활이 쉽지 않다는 것일 게다. 그러나 사실 외국인 전용 콤파운드 공간에서는 그리 불편할 것도 없다. 여성들도 핫팬츠에 민소매 옷을 입고 다닌다. 안전이나 물자의 공급 등도 선진국의 생활에 필적할 뿐만 아니라 더 나은 구석조차 있다.

그러나 사업이 문제가 되면 이야기가 달라진다. 특히 남자들에게 그렇다. 술도, 골프장도, 마땅한 유흥시설도 없는 딱딱한 무슬림의 나라여서 스트레스를 풀 만한 인프라가 거의 없다. 사업도 막혀 있고 스트레스를 풀 구멍도 막혀 있으면 지옥이 따로 없다. 그런 사우디에서 우리 사업이 답보 상태를 면하지 못하고 있었다. 거래선들은 초기의 성공에 취해 이전과는 다르게 우리의 제안을 고분고분 듣지 않았고, 심지어는 부당한 요구를 하며 자신들의 이익을 챙기기 시작했다. 그렇게 우리의 사업이 위기에 직면한 때에 맞추어 내가 부임하게 된 것이다.

개혁의 메스를 들이대다

사우디에는 우리 회사의 거래선이 세 개 있었다. 일반 가전 담당 거래선인 N사, 에어컨 전문 거래선인 S사, 그리고 정보기기 전문 회사인 J사가 그들이었다. 그런데 N사와 S사는 우리 회사와의 합작인 주력 상품 외에 자신들만의 상품으로 서로 경쟁하는 관계였다.

J사는 모범적인 변신을 통해 모니터와 광디스크에서 시장을 선도해 나가고 있었다. 문제는 N사와 S사였다. N사의 경우는 아랍계 영국인인 전문 경영인과 그의 시스템이 문제였다. 너무나 역량이 떨어져서 사업을 논의할 수준조차 되지 못했다. 무늬만 그럴싸한 인물이 오너의 눈을 속이고 쓸데없이 높은 자리를 차지하고 있었던 것이다.

S사의 경우는 변화에 따른 비용 부담을 우리 회사에 과중하게 떠넘기려 했다. 나는 성장을 위한 투자든 그에 따른 과실이든 거래선과 형평성에 맞게 나누어야 한다는 입장이었다. 자연히 S사의 행태는 나와의 강한 마찰을 예고했다. 내가 사우디에 부임한 이유는 이들 거래선을 새로운 질적 성장으로 이끌기 위함이었다. 그러나 작은 성공에 도취돼 오만할 대로 오만해진 그들의 저항은 만만치 않았다.

나는 먼저 N사에 메스를 들이댔다. 나는 N사를 방문해 최고 경영진을 만났다. 그 자리에서 전문 경영인을 교체해 달라고 요구했다.

"새로운 질적 성장을 위해서 제대로 된 마케팅 전략과 실행이 필요한 상황입니다. 그런데 현재의 경영진은 그와는 어울리지 않습니다. 우선 사업에 대한 이해도가 터무니없이 부족하고, 가격 정책이나 유통 전략도 너무나 주먹구구식입니다."

"……."

단도직입적인 요구에 N사 최고 경영자는 조금 충격을 받은 듯했다.

"현재의 경영진은 우리만의 오랜 관행과 경영 문화 속에서 선택된 사람들입니다. 이렇듯 갑작스레 교체를 요구하는 건 받아들이기 힘듭니다."

그러나 나는 물러설 수 없었다. 마케팅의 기초 개념조차 없는 전문 경영인에게 새로운 전략을 얘기하는 건 쇠귀에 경 읽기였으니 어쩔 수 없었다.

"관행과 문화 모두 당연히 존중받아야겠지요. 하지만 지금 N사는 가격 경쟁력에 기반한 일차적 성장을 완료한 상태입니다. 바로 그 상태에서 답보상태에 머물고 있습니다. 그 이유를 뭐라고 생각하십니까? 전혀 전문적이지 못한 전문 경영진이 제대로 역량을 발휘하지 못하기 때문입니다."

내 말을 뒷받침할 모든 논거들이 서류로 뒷받침되어 있었다. N사의 최고 경영진은 더 이상 반박하지 못했다.

이렇게 하여 N사에는 새로운 전문 경영인이 부임해 왔다. 여전히 우리가 원하는 수준은 아니지만, 시키는 일만큼은 묵묵히 해내는 스타일이었다.

이 교체 카드는 큰 효과를 발휘했다. 불과 1년 만에 성과가 나오기 시작했다. 냉장고에서 제일 먼저 시장을 석권했고 세탁기도 그 뒤를 따랐다. TV는 아직 철벽같은 소니의 아성을 깨지 못했지만 나름대로 점유율이 오르는 등 선전을 했다. 이처럼 N사의 개혁에 성과를 거두자 사우디 전체 시장이 활력을 띠기 시작했다. 일반 가전에 이어 에어컨과 모니터, 그리고 광스토리지 제품의 시장 점유율까지 1위를 기록한 것이다.

매장과 회의

사고가 발생한 것은 바로 그때였다. 비교적 문제가 덜하다고 판단했던 S사에서 본사에 불만 어린 투서를 던진 것이다. 여기에는 몇 가지 사정이 있었다.

어느 날 나는 시장을 방문해서 한 점포에 들른 일이 있었다. 그곳은 S사의 에어컨을 팔면서 N사의 일반 가전은 취급하지 않는 상점이었다. 매장을 둘러보던 나는 그 사실을 발견하고 주인에게 말했다.

"에어컨을 아주 훌륭하게 판매하고 계시더군요. 그런데 일반 가전도 N사의 제품을 갖춰 놓고 판매하면 어떻겠습니까? 모든 면에서 시장 1위인 우리 제품을 판매하는 것이 이 상점에도 도움이 될 텐데요."

상점 주인은 멋쩍게 웃으며 대답했다.

"그건, S사와의 특약 때문에 조금 어렵습니다."

"그렇더라도 한 번 더 진지하게 고려해 보는 게 어떨까요? 더 많은 이익을 낼 수 있는데도 그걸 실행하지 못하는 건 안타까운 일이죠."

"음, 알겠습니다. 한번 생각해 보도록 하지요."

그렇게 그날의 일은 작은 에피소드처럼 흘러가버렸다.

얼마 뒤에는 S사 대표와의 회의가 있었다. 그들은 우리 회사로부터 받던 기존의 지원을 더 확대해 달라고 요구했다. 자신들의 부담은 반으로 줄이고 그 부분만큼을 우리가 채워달라는 것이었다. 부당한 요구였다. 이미 계획된 지원금도 충분한데, 그 위에 더 많은 지원 요청을 하는 상황이라 나는 완곡하게 거절의 뜻을 내비쳤다. 그러자 그들은 더욱 집요하게 요구하기 시작했다.

"OO전자에서도 사우디 시장의 가치와 우리 S사의 중요성에 대해서는 잘 알고 있다고 생각합니다. 중요하다면 그만큼의 예우를 해주시는 게 이익을 공유하는 파트너사로서 합당한 행동 아닐까요?"

자신과 사우디 시장이 중요하니 그걸 감안해서 우리가 더 많은 양보를 하라는 것이었다. 그래도 나는 입장을 바꾸지 않았다. 다혈질인 S사 대표의 안색이 일순 변하는 것을 보았지만 별일 있겠냐는 생각으로 그날의 협의를 마쳤다.

치욕

그로부터 며칠 후 난리가 났다. 나는 본사의 경영기획팀장으로부터 전화를 받았다. S사 대표가 나에 대한 불만을 담은 편지를 본사와 지역 대표에게 보냈다는 것이다.

신임 지사장은 우리를 다른 거래선과 차별하여 불이익을 안기고 있으며, 우리의 명예를 심각하게 침해하고 있습니다. 일례로 그는 우리 회사와 거래하는 점포에 N사의 제품을 강권하는가 하면, 사우디 시장의 중요성을 고려해 달라는 우리의 '정당하고 공정한' 요구까지 거절하고 있습니다. 이로 미루어 볼 때 그는 공정성을 잃었으며, 이런 차별적 불이익 속에서는 S사가 신임 지사장과 원활한 파트너십을 맺는 데 심각한 장애가 있으리라 생각합니다. 본사의 선처를 바랍니다.

대충 요약하면 이와 같은 내용을 가진 투서였다. 나는 터무니없는 말이라고 일축했다. 그러나 본사의 생각은 이미 나와는 다른 궤적을 그리고 있다는 사실을 그때는 알아차리지 못했다.

바로 그때, 엎친 데 덮친 격으로 사건이 또 발생했다. 이번에는 N사에서 나에 대한 불만을 제기한 것이다. 이 무렵 N사에서는 밀려났던 전문 경영인이 복귀를 준비하고 있었다. 새로 부임한 레바논인 전문 경영인은 사실상 그의 꼭두각시였다. 내 눈앞에서는 독립적으로 일하는 것처럼 꾸몄지만 뒤에서는 그가 시키는 대로 일을 하고 있었던 것이다. 이 사실을 알게 된 나는 N사 회장과의 독대를 통해 빠른 인사 혁신이 성공의 지름길이라는 사실을 몇 차례나 주지시켰다. 그러자 N사 회장은 다른 일로 한국을 방문한 길에 본사에 들러 나의 압력으로 너무 힘들다는 불만을 제기한 것이다.

이처럼 연이어 문제가 터지자 본사에서는 지사장 교체를 고려하기 시작했다. 어느 정도 변화도 만들어 놓았고 성과도 개선이 되고 있으니 추가적인 갈등을 피하려는 의도였다. 차제에 유화적인 인물로 지사장을 교체하여 좀 더 매끄럽게 변화를 만들어가자는 것이었다.

나로서는 받아들일 수 없는 결정이었다.

'사우디 영업 총책임자로서 나는 단 0.1%의 점유율이라도 올리기 위해서라면 지옥에라도 가겠다는 의지로 일하지 않았던가.'

내 모든 생각과 행동은 그런 결기를 바탕으로 이뤄진 것이었다. 그 연장선에서 나도 기억하지 못하는 점포 상인에게 우리 상품을 제안한 것이 문제라면 결코 수용할 수 있는 일이 아니었다.

더구나 거래선의 편지 한 장으로 지사장이 날아가 버리는 수준이라면 이건 회사도 아니다……!

그러나 내 설득은 회사의 결정을 바꾸지 못했다. 결국 서아프리카로 부임하라는 발령이 떨어졌다. 회사 생활 10여 년 만에 겪는 최대의 치욕이었다.

문화 충돌은 없다

해외 영업을 하는 동안 나는 수많은 투서의 대상이 되었다. 아마도 19년의 해외 생활 동안 회사에서 가장 많은 투서를 받은 사람일 것이다.

그러나 내가 짊어진 투서의 혐의는 대개가 이런 식이었다. 좋은 게 좋은 거라는 식의 기존 관행을 단호하게 차단함으로써 생긴 저항이었다. 업무적인 부분에서는 문제를 만들지 못하자 애매한 문화의 차이라는 것을 들고 나와 나를 매도했던 것이다.

사우디에서만이 아니다. 우크라이나의 KAM^{Key Account Manager}(전담판매담당관)이었던 K의 경우가 그랬고, 요르단의 마케팅 직원 B 역시 그러했다. K의 경우는 태만함으로, B의 경우 지각을 밥 먹듯 하는 불성실함으로 문제를 일으켰다. 업무 교체를 지시하고 승진을 누락시키자 이들은 투서로 저항했다. B의 경우는 심지어 법정 소송까지 불사했다. 그러나 자국의 법원조차 그녀의 손을 들어주지 않았다.

이런 내용과는 무관하게 내가 많은 투서의 대상이 되는 걸 보고, 사람들은 이렇게 생각했다. '저 사람은 해외 문화에 제대로 적응하지 못했거나 의도적으로 무시했기에 문제를 일으킨다'고.

하지만 천만의 말씀이었다. 나만큼 그 나라의 문화와 역사를 사전에 충분히 공부하고 주재원 생활을 한 사람은 없을 것이다. 그 정도로 나는 현지 문화에 정통하기 위해 노력했다. 한 나라의 문화가 집약되어 있는 영역이 몇 개 있다. 언어와 음식은 말할 것도 없고, 종교와 역사 특히 결혼과 장례문화가 그러하다. 나는 이러한 것들을 섬세하게 고려하고 그 나라의 상황에 맞게 처신했다. 오히려 그런 것들로 인해 발생한 문제는 거의 없었다.

문제는 문화적 충돌이 아니라 업무상의 일들이었다. 그리고 문제를 더 깊이 파 들어가 보면 어김없이 기득권과 관련되어 있었다. 이전에는 이득을 보았는데, 내가 와서 불합리한 특혜를 없애자 불만을 가지고 투서를 한 경우가 대부분이었던 것이다. 결론적으로 말해서 민족 감정이나 문화 충돌 같은 건 없다. 오직 업무 관계에서의 원칙과 평가만이 있었을 뿐이다.

본사의 사람들은 투서를 한 사람의 말에 더 큰 신뢰를 보낸다. 문제가 없으면 왜 투서를 하겠느냐는 것이다. 본사에 앉아 있으면 늘 그런 식이다. 이런 분위기가 짙어지면 좋은 게 좋은 거라는 식의 잘못된 관행이 자리 잡을 수밖에 없다.

나는 그런 관행과 싸웠고 대다수의 경우 내가 옳았다. 그러나 그런 와중에 나 또한 어쩔 수 없이 수많은 상처를 입고 말았다. 아마도 그것들이 내가 회사에서 더 성장하지 못한 원인의 하나가 되었을 것이다. 그러나 나는 후회하지 않는다. 조직이든 개인이든 잘못된 것과의 투쟁 없이는 절대 더 높은 단계로 나아갈 수 없기 때문이다. 나는 내일 시궁창에 처박혀 일하게 되더라도 그곳의 잘못된 관행과 기득권과의 싸움을 절대 멈추지 않을 생각이었다.

다시 어금니를 깨물다

온갖 생각이 나를 괴롭혔다. 그동안 참 열심히 달려왔다는 생각, 운 좋게 특별 승진을 거듭하며 승승장구하던 모습, 많은 사람들이 지켜보던 나의 자신만만한 모습이 한순간 나락으로 떨어져버렸다는 생각…… 이 모든 것들이 나를 엄습했다. 무엇보다 나의 성장을 지켜보며 응원하던 사람들에게 실망을 안겼다는 생각이 나를 힘들게 했다.

"아아, 이렇게 사람이 망가지는 거구나!"

나는 아프리카로 가겠다는 생각보다는 어떻게 해야 명예롭게 회사를 떠날 수 있는가를 고민했다.

A지사장의 얼굴이 떠오른 건 바로 그때였다. 언제나 나의 큰 기둥이었던 그라면 이 상황을 이겨나갈 중요한 충고를 해줄 수 있을 것 같았다. 나는 카자흐스탄으로 전화를 걸었다. 그 사이 그는 임원으로 승진을 했고, 그곳에서 법인장으로 근무하고 있었던 것이다.

내 이야기를 다 듣고 난 그는 이렇게 말했다.

"뭐, 그게 고민거리야? 그냥 한번 아프리카로 나가 보고 마음에 안 든다면 그때 관둬도 늦지 않아."

"자존심이 상해서 그렇죠……."

"이 답답한 친구야! 세상에 아무도 자네를 자네가 생각하는 것만큼 심각하게 쳐다보는 사람은 없어. 그런 자존심 따위는 단숨에 내팽개쳐 버려. 삶에 아무런 도움이 안 되는 것이거든. 얼마나 부당한 결정이었는지는 듣고 보니 나도 화가 나네만, 되돌릴 수 없는 일은 그냥 흘려보내는 게 최선이지. 길을 걷다 보면 소도 보고 스님도 보는 거야. 그때마다 '저거 봐라, 소다! 스님이다!' 일일이 반응을 보였다가는 얼마 못 가서 지쳐 쓰러지고 만다네."

단순하면서도 명쾌한 정리였다. 자살이라도 하고 싶은 심정이었지만, 그의 말을 들으면서 나는 점차 상황을 객관화시킬 수 있었다.

'그래, 더 폭넓게 그리고 멀리 바라보자. 그렇게 시야를 넓히면 죽을 듯이 힘든 이 구멍도 단지 하나의 점으로 보이겠지. 가시밭길도 돌부리도 다 헤쳐나간다고 다짐했잖은가. 이렇게 흔들린다는 건 아직 내가 내 업의 주인이 되지 못했다는 증거다.'

새롭게 가야 할 길이 보이기 시작했다.

'나는 아프리카로 갈 것이다. 아무도 가고 싶어 하지 않고, 누구나 빨리 떠나고 싶어 안달하는 그곳으로! 내가 부임한 뒤로 아프리카는 두 가지 가능성을 가진 땅으로 변하게 될 것이다. 누구나 그곳으로의 부임 명령을 영예로 알고 가고 싶어 안달하는 땅. 아니면 아예 지사는 폐쇄되고 누구의 뇌리에서도 잊힌 저주의 땅이 될 것이다.'

나는 다시금 어금니를 깨물었다.

치욕을 안긴 사우디에서의 생활은 그나마 만족스럽게 정리되었다. 나의 마지막 제안을 회사가 받아들인 것이다. 거래선의 투서나 불만 때문이 아니라 회사의 전략적 결정에 따라 인사 이동을 하는 것으로 모양새를 갖추었다. 나는 이후로도 6개월간 더 머물면서 사우디 생활을 정리할 시간을 얻었다. 나는 그것이 회사가 지켜야 할 최소한의 품위와 원칙이라고 생각했다.

새로운 음식을 즐기는 방법 – 음식이 인도하는 새로운 세계

우리 몸은 새로운 것에 대해서는 본능적으로 위험할 것이라는 의심을 작동시킨다. 그래서 새로운 음식을 맛있게 즐긴다는 일도 결코 쉽지 않다. 나는 새로운 음식을 즐기는 4단계를 개발했는데, 이것으로 상당한 효과를 보았다.

먼저, 내가 먹는 음식이 위생적이라는 확신이 들어야 한다. 이것에 대한 의심이 해소되지 않으면 절대로 새로운 음식을 즐길 수 없다. 그 확신을 들게 하는 방법은 가장 위생적으로 안전한 식당을 고르라는 것이다. 어느 정도 익숙해지면 그 민감도를 조금씩 낮추어 가도 되지만 처음에는 이 부분에 대해 상당한 배려를 해주는 것이 좋다.

두 번째는 어떤 식당에서든 처음 대하는 음식의 향을 즐길 수 있는 태세를 갖추어야 한다. 여기에는 본격적인 마인드 컨트롤이 필요하다. 식당에 들어서면서 어떤 독특한 냄새를 맡게 되면, 즉시 이런 말로 감탄을 하는 것이다.

'아아, 이 향이구나. 이 향을 이 나라 수천만 명이 좋아서 사족을 못 쓴다는 말이지. 정말 냄새가 대단히 매력적인걸.'

진심을 실어서 이렇게 주문을 외우면 순식간에 그 향이 맛있게 다가온다.

세 번째는 음식의 모양과 색깔에 대한 고정 관념 타파의 단계다. 오늘 내가 처음 시도하는 음식은 분명 지금까지 익숙하게 대하던 음식과는 다를 것이라는 생각을 가져야 한다. 그러면 이미 절반은 성공한 셈이다.

세 번째 단계를 지나온 사람은 이제 최후의 관문을 남겨 두고 있다. 바로 첫 숟가락의 단계이다. 이때는 천천히 조금씩 음식을 입에 넣으며 '과연 어떤 맛일까 궁금하군'을 속으로 외친다. 그러다가 입안에 음식 맛이 퍼지는 순간 이렇게 한 번 더 외친다. '우와~, 대단한 맛이군. 바로 이 맛이 이 나라 사람 수천만 명이 그렇게 먹고 싶어 안달했다는 그것이군. 이해할 만해. 대단한 맛이야 정말.'

나는 이렇게 지구 곳곳을 누비며 수많은 음식을 섭렵했고, 그 대다수를 진정으로 즐길 수 있게 되었다. 언어와 음식에는 그 나라, 그 민족 수천 년의 문화가 녹아 있다고 한다. 언어를 배우는 것도 중요하지만, 음식을 통해 느끼는 그 나라의 문화도 언어 못지않은 깊이가 있다. 어느 시장에서나 그 나라의 음식을 함께 즐기며 나누는 상담은 실패한 적이 없었다. 음식을 통해 말로 전달하기 어려운 속 깊은 문화적 소통을 했기 때문일 것이다.

성공한다는 것,
실패한다는 것

호랑이 사냥에
나서다

환영받지 못한 아프리카 부임

2001년 7월 5일, 나는 파리발 아비장행 비행기에 몸을 싣고 있었다. 당시 회사는 벨기에의 앤트워프에 법인 사무실과 창고를 두고 실행 사무실은 아이보리코스트의 아비장에 두었다. 사우디에서의 쓰라린 실패를 뒤로 하고 이제 아프리카에서의 생활을 시작하는 여정이었다.

일곱 시간의 비행 끝에 에어프랑스는 아비장의 우페 부아니 공항에 도착했다. 오후 5시경의 아직 밝은 일광이 아비장을 비추고 있었다. 나지막한 건물들이 옹기종기 모여 있고 도심에는 제법 큰 빌딩들도 눈에 띄었다. 그렇게 녹색의 숲에 쌓인 아비장은 호기심 어린 눈빛을 빛내며 아시아에서 온 이방인을 조용히 맞아주고 있었다.

세관을 통과하고 밖으로 나오니 이미 사람들이 많이 빠져나간 상태였다. 나는 이전부터 알고 있던 L과장을 찾았다. 그러나 L은커녕 동양인 하나 눈에 띄지 않았다. 나는 순간 당황했다. 내가 날짜를 잘못 알려주었나 하며 의아해 하는데, 아프리카인 하나가 다가왔다. 우리 회사 로고가 박힌 손바닥만 한 패널을 보여주며 "미스터 류?" 하고 묻는다. 그는 회사의 운전기사라고 하며 내 짐을 차에 실었다.

'법인장이 새로 부임을 하는데 주재원들이 공항 마중을 나오지 않는다니……!'

나는 충격을 받았다. 누구든 중동, 아프리카 등에 출장을 가면 현지의 한국인 직원이 마중을 나와 편의를 제공하는 게 우리의 오랜 관행이었다. 오지에서 자칫 큰 문제가 발생할 수 있는 상황을 미연에 방지하기 위한 조치였다. 그 믿음을 보기 좋게 배반당한 것이다.

나중에 안 일이었지만 전임 법인장은 성과가 좋지 않다는 이유로 육 개월 먼저 귀국해야 할 상황이었다. 그와 함께 L과장과 P과장의 실적도 극도로 좋지 않아서 이들은 자포자기의 심정에 빠져 있었다. 자기들도 조기 귀국을 해서 회사를 떠날까 하는 생각, 새로운 법인장에 대한 거부감, 모시던 법인장에 대한 의리 등 복잡한 심리가 뒤섞여 그런 결정을 했던 것이다. 나의 아프리카 생활은 스스로의 다짐과는 달리 그렇듯 환영받지 못한 채로 시작되었다.

도착 첫날의 이 사건은 나로 하여금 가장 시급한 과제가 무엇인지를 생각하게 해주었다. 직원들이 갖는 아프리카 생활에 대한 환멸과 패배의식부터 퇴출시켜야 한다는 것이었다. 그것이 전제되지 않는 한 모든 것은 사상누각일 뿐이라고 생각했다.

사람들의 짐작대로 아프리카에서의 생활은 어렵다. 나이지리아 라고스에서의 삶을 예로 들어보자. 라고스는 여느 도시와 다름없이 극심한 교통 혼잡이 일상화된 도시이다. 좁은 도로 위로 수십 년 된 낡은 차로부터 방금 출고장을 빠져나온 듯한 고급 승용차까지 온갖 종류의 차들이 길을 메우고 있다. 그런데 가끔씩 이 도로 위로 무장 강도가 나타난다. 꽉 막힌 도로가 뚫리기를 기다리는 동안 갑자기 들이닥친 강도들이 총을 겨누고는 창문을 열라고 한다. 이때 절대로 이들과 눈을 마주쳐서는 안 된다. 고개를 숙인 채 가지고 있던 지갑이나 백을 그대로 그들에게 넘겨주어야 한다. 돈이 아까워서 또는 가방 속에 둔 여권이라도 챙기려고 움직이면 사정없이 개머리판이 날아든다. 라고스 생활을 하면 누구나 경험할 수 있는 일이다. 그래서 빼앗겨도 좋을 만큼의 돈을 미리 지갑에 넣어 놓아야 한다. 외국인이 돈 하나 없는 빈 지갑을 내민다는 건 생명을 담보로 한 도박이다.

이런 치안 부재의 상황만이 아니다. 아프리카 내륙을 오가기 위해서는 때로 죽음의 비행이 필요하다. 한번은 라고스에서 세네갈로 가는 비행기를 탄 적이 있다. 도색이 절반은 벗겨진, 기령機齡이 최소 50년은 되어 보이는 러시아제 일류신 군용기였다. 지정석도 없는 비행기를 아귀다툼 끝에 타고 보니 세네갈 직행이 아니었다. 토고, 가나의 아크라, 아비장, 기니 코나크리를 경유하여 세네갈에 도착했다. 바로 날아가면 네 시간이 걸릴 거리를 무려 네 곳의 경유지를 거쳐 열두 시간을 날아간 것이다. 이런 항공사에 승객의 권리를 요구하는 것은 사치일 뿐이다.

그러던 어느 날 진짜로 사고가 났다. 콩고의 수도 킨샤사에서 출발하여 제2도시 루붐바시로 향하던 항공기의 뒷문이 열려 수많은 승객이 공중으로 날아가 버린 것이다. 문제는 승객 리스트가 갖춰져 있지 않아 몇 명이 날아갔는지, 누가 날아갔는지 알 수가 없다는 것이었다.

아프리카 특유의 풍토병도 무시할 수 없다. 요즘도 종종 뉴스를 타는 에볼라는 유명세에 비해 막상 죽는 사람은 많지 않다. 오히려 여러 가지 해충과 기생충으로 인한 고통이 더욱 심하다. 체체파리는 수면증을 유발하는 트리파노조머균 때문에 고열과 두통을 발생시키고 심하면 목숨까지 잃게 한다. 아프리카에서는 매년 500만 명 이상이 체체파리로 인해 고통 받고 있다. 우리 주재원들은 혹시라도 체체파리가 알을 슬까 두려워 모든 옷을 다려서 입는 습관이 생겼다.

사람의 몸에서 뽑아내는 기니벌레 역시 빼놓을 수 없다. 메디나충이라고도 불리는 이 기생충은 오염된 물 때문에 생긴다. 수 미터까지 자란 성충은 피부를 뚫고 나올 때까지 기다리다가 극심한 고통과 함께 뽑아내는 수밖에 없다. 아프리카를 대표하는 질병인 에이즈와 말라리아가 끼치는 피해는 말할 것도 없다. 나를 포함한 주재원들 역시 한두 번씩은 다 말라리아를 앓은 적이 있다. 학을 뗀다는 말이 있듯이 한 번 걸려보면 다시는 경험하고 싶지 않을 만큼 고통스럽다.

아프리카에서의 삶이란 이 모든 위험 요소를 끌어안은 것이다. 그래서 아프리카로 오겠다는 지원자도 없고, 있는 사람도 하루빨리 떠나고 싶어서 안달이다. 이들에게 아프리카란 '주재원의 막장' 정도로 인식돼 있을 뿐이다. 의욕이 없으니 실적이 저하되고 실적이 바닥을 기니 의욕은 더욱 저하된다. 이럴 때는 한마디로 징벌 같은 삶이 펼쳐지게 된다.

아비장을 버리자!

서아프리카 법인 사무실이 아비장에 개설돼 있는 것도 같은 이유 때문이었다. 아이보리코스트는 서아프리카에서 프랑스 식민지를 경험한 국가 중에서 가장 모범적인 정치적, 경제적 안정을 이룬 나라였다. 수도인 아비장 역시 '아프리카의 파리'라는 이름으로 불릴 정도로 번영을 누리던 도시였다. 그래서 그나마 환경이 나은 아비장을 거점으로 선택했던 것이다.

그러나 서아프리카 담당 신임 법인장으로서 나는 아프리카 대륙 전체를 바라봐야 했다. 아프리카는 12억 명의 인구를 가진 거대 시장이다. 발전 가능성으로 치자면 유럽, 북미 대륙 등 선진 시장을 뛰어넘는다. 아무리 환경이 열악해도 장수로서 이 전장을 회피한다는 건 말이 되지 않았다. 더군다나 부임을 하며 모질게 각오를 다졌던 나로서는 더욱 그랬다. 더 이상 안락하고 안온한 아비장에서 몸을 사리고 있을 수는 없었다. 알을 깨지 않으면 날아야 한다는 새의 본분은 결코 지킬 수가 없기 때문이다.

"왜 하필 라고스입니까! 여기가 어떤 곳인지는 누구보다 법인장님이 잘 알고 계실 텐데요."

2002년 11월. 우기의 한가운데에 있는 나이지리아 라고스에서 나는 현지에 파견되어 온 두 명의 PM(제품 담당관)과 밤새워 격론을 벌이고 있었다. 토론의 주제는 간단했다. '지금처럼 아비장에 사무실을 두고 나이지리아 시장을 출장으로 커버할 것인가, 아니면 위험하고 열악한 나이지리아로 거점을 옮겨 더 큰 성과를 노릴 것인가.' 아비장을 버리고 라고스로 거점을 옮기자는 내 주장에 두 사람이 거칠게 항변하고 있었던 것이다.

나이지리아는 다른 시장을 모두 합친 것보다 더 큰 아프리카의 핵심 시장이었다. 나는 그런 나이지리아 시장을 중핵으로 서아프리카 28개국 시장을 1강 7중 20약으로 재편하려는 원대한 구상을 품었다. 라고스로 거점을 이동하는 것은 범을 잡기 위해 굴로 들어가는 첫발이 되리라는 게 내 생각이었다.

호랑이 사냥이 시작되다

하지만 두 사람의 반대는 예상대로 격렬했다.

"삶을 위한 여건이 극도로 취약한 나이지리아에 사무실을 여는 건 아무 의미가 없습니다."

"저희는 이제 길어야 1년 뒤면 귀국하게 될 겁니다. 그럼 후임자를 선발해야 할 텐데 누가 이곳으로 오겠다고 하겠습니까?"

"그렇죠. 이건 저희들이 아니라 뒤에 남을 법인장님 자신을 위해서도 옳지 않은 결정이에요!"

이미 3년 이상 서아프리카 생활을 한 그들의 주장에도 일리는 있었다. 그러나 나는 그런 주장 뒤에 깔린 짙은 불안의 그림자를 읽었다. 그들은 혹시라도 후임자가 없어서 자신들의 귀국이 늦춰질지 모른다고 우려하고 있었던 것이다. 결국 현상을 유지하면서 특별한 문제를 만들지 않는 것이 모두를 위해 바람직하다는 것이었다. 그러나 나는 부임 초기에 아프리카 사업을 위한 기반을 확고하게 다져 놓아야 했다. 더 이상 지금과 같은 미적지근한 방식으로 시간을 축낼 수는 없었다. 그들의 제안은 절대로 내가 취할 길은 아니었다.

오후 7시 저녁 식사 후에 시작된 토론은 날을 넘겨 새벽 세 시까지 계속되고 있었다. 사실 이들을 설득시킬 필요는 없었다. 그저 본사의 결정이라 못 박고 바로 이동을 개시하면 그뿐이었다. 그러나 나는 생각이 달랐다.

"이미 나는 자네들과 피를 나눈 형제보다도 더 가까운 관계가 되었네. 자네들이 얼마나 열심히 일하고 있는지는 누구보다 내가 잘 알아. 나는 자네들이 필요하고, 언제까지나 내 곁에 두고 싶은 게 사실이네. 하지만 더 이상 희생을 강요할 권리가 없다는 것도 잘 알아. 이렇게 하세. 내 생각대로 거점은 이곳 라고스로 옮기도록 결정하겠네. 하지만 자네들은 설사 이곳을 지원하는 후임이 나타나지 않는다 하더라도 지체 없이 귀국시켜 주겠네. 사실 나로서는 모든 것이 본사의 결정이라고 통보하고 밀어붙이면 그만일지도 모르겠네."

"……."

"하지만 나는 민주주의와 합의의 힘을 믿네. 언제까지가 될지 모르겠지만 나는 전우들과 목표를 공유하고 온몸으로 밀고 나가고 싶네."

마침내 우리는 합의에 도달했다. 라고스로 법인 사무실을 옮기되 무슨 일이 있어도 그들은 기한 내에 귀국시켜 주기로 한 것이다.

우리는 건배를 외치며 맥주잔을 부딪쳤다. 그리고 게스트하우스 부엌으로 가서 라면을 끓였다. 희부옇게 새벽이 밝아오고 있었다. 호랑이 사냥이 시작되었다.

아비장에서의 위험천만했던 순간

2002년 아비장의 건기가 끝나갈 무렵, 아이보리코스트는 내전의 수렁 속에 깊게 빠져들고 있었다. 프랑스가 반군 측의 와타라(유엔과 서방의 지원을 받는 이슬람계 지도자) 정권을 옹호하는 발언을 하자 아비장 시민은 분노했고 거리로 뛰쳐나오기 시작했다.

오후 4시경, 거래선을 만나러 나가던 내 자동차는 눈 깜짝할 사이에 그들에게 파묻히고 말았다. 외국인에 대한 적개심으로 눈이 뒤집힌 군중들 속에 홀로 남는다는 건 목숨이 위태로워졌다는 걸 의미한다.

흥분한 군중들은 차를 두드리며 창문을 내리라고 했다. 공포에 휩싸인 운전기사는 어쩔 줄 몰라 했다. 창문을 조금 내리자 그들은 내리라는 손짓과 함께 국적을 물었다. 나는 애써 태연한 기색으로 대답했다.

"나는 한국에서 왔고, 전자 회사에서 일합니다."

그러자 그들의 리더 격인 젊은 친구가 말했다.

"한국인이라고? 그러면 우리의 친구다. 안전하게 길을 열어 줘라."

이렇게 해서 나는 간신히 위기에서 탈출할 수 있었다.

그동안 나는 수많은 사지를 거쳤다. 그러나 이렇게 죽음의 문턱까지 갔다가 돌아온 것은 그때가 처음이었다. 만일 내가 유럽인이었다면, 군중들의 몽둥이 세례 속에 비참한 시체로 발견되었을 가능성이 아주 높다.

아이보리코스트 내전은 2012년이 되어서야 와타라의 승리로 종결되었다. 10년 동안의 내전은 이 나라에 심각한 상처를 안겼다. 아프리카의 파리라고 하던 아비장은 그 지위를 옆 나라인 가나에게 넘겨야 했고, 국민들의 소득이나 삶의 질도 형편없이 떨어지고 말았다.

마침내
정상에 오르다

처참한 시장 조사 결과

아프리카 시장 공략을 준비하는 우리는 첫 3개월간 시장 조사에 집중했다. 팩트를 중심으로 나를 객관적으로 보고, 경쟁사를 보고, 시장을 보려 한 것이다. 그런데 시장 조사 결과는 우리의 예상을 뛰어넘었다. 훨씬 더 처참했다.

3%!

우리 브랜드의 인지도 결과는 그처럼 초라한 수치를 보여주고 있었다. 이미 중동의 대다수 시장에서는 평균 30% 이상을 기록하고 있었으니 말하기조차 부끄러운 수준이었다.

2000년대 초반, 나이지리아를 비롯해 아프리카 시장은 소니와 샤프 같은 일본 브랜드들이 석권하고 있었다. 우리 제품이 이들에 비해 특별히 부족함이 있었던 것도 아니다. 단지 소비자들은 자신이 알고 믿을 만한 브랜드를 찾고 있을 뿐이었다. 당시 14인치 TV를 살려면 150 달러 정도가 필요했다. 나이지리아 대졸자의 초봉이 100달러가 채 안 되던 시절이었다. 그러니 TV는 절대로 문제가 없는 제품이어야 했고, 소니나 샤프 같은 일본 브랜드쯤은 돼야 했던 것이다.

중간상들도 마찬가지였다. 이들은 어떤 경우에라도 손해만은 보지 않으려 하는 특성이 있다. 그들이 소니를 찾는 이유도 이문이 많이 남아서가 아니라 어떤 경우에도 손실은 보지 않고 팔 수 있기 때문이었다. 실제로 소니는 잘 팔렸지만 남는 건 별로 없었다.

그런데 재미있게도 시장을 석권하는 일본 브랜드들은 소비자를 잘 몰랐다. 소비자만이 아니라 중간상도 모르고 시장의 메커니즘도 제대로 알지 못했다. 그들은 현지에 사무실을 두지 않았다. 그저 두바이에 터를 잡고 아프리카 전역에 물건을 뿌리는 전략을 구사했다. 간편하게 두바이의 도매상들에게 물건을 넘기면 아프리카 전역에서 보따리상들이 찾아와 자신의 위험부담으로 현금 구매해갔다.

이렇게 팔린 물건들은 아프리카 전역으로 흩어져 소니의 인지도와 이윤을 늘리는 데 혁혁하게 기여했다. 우리들은 이런 현실을 깨고 소비자의 애정과 신뢰를 우리 쪽으로 돌려놔야 했다.

원대한 구상

어느 시장이든 리더가 아닌 추종자의 삶은 고달프다. 우선 매출이 적다. 이 말은 찾는 소비자와 중간상이 적다는 말이기도 하다. 더 중요한 의미는 적은 이윤을 의미한다는 데 있다. 잘 팔리지 않는 브랜드는 결국 더 낮은 가격으로 귀착되기 때문이다. 그들은 낮은 판매를 높은 이윤으로 보상받고 싶어 한다. 반대로 잘 팔리는 브랜드의 제품은 높은 판매 덕분에 낮은 이윤을 취할 수 있다.

그뿐만이 아니다. 소비자가 잘 찾지 않는다는 이유로 중간상들은 온갖 요구를 한다. 광고를 해달라고 하고, 소비자에게 줄 선물을 달라고 한다. 프로모션을 지원하고 전시 및 진열비와 판촉 요원을 넣어 달라고 한다. 심지어는 무료로 제품만 진열하고 팔리면 돈을 주겠다는 위탁 판매도 요구한다. 시장에서 찾지 않는 브랜드의 비애다.

그렇다고 이런 것들을 무시하면 아예 처음부터 팔릴 기회마저 놓치게 된다. 이러한 환경에서 이윤이 나올 리 없다. 더구나 경쟁사들은 두바이에서 물건을 뿌리기 때문에 비용도 적게 든다. 왜 우리는 두바이에서 물건을 뿌리면 안 되냐고 되물을 수 있다. 아무나 뿌린다고 뿌려지는 게 아니다. 두바이에서 팔리는 브랜드는 이미 그 바닥에서는 명품으로 인정을 받는 것이다. 비즈니스 세계에서 브랜드는 그야말로 빈익빈 부익부의 세계이다. 정도의 차이는 있지만 이건 세계 어디서나 마찬가지다.

결론부터 말한다면 나는 기적을 만드는 사람이 아니었다. 입지전적인 인물이 만들어내는 어마어마한 스토리의 주인공도 아니다. 그저 보통사람일 뿐이었다.

'그런 내가 시장 구조를 파괴하고 새로운 경쟁 구도로 재편하는 일이 가능이나 할까?'

그러나 다른 대답은 필요치 않았다. 그저 가능하다고 내 스스로 굳게 믿는 수밖에 없었다. 어떻게든 방법을 찾아내야 했다.

4년 후 10배의 매출 증대! 서아프리카 28개 나라에서 최고의 브랜드로 성장!

원대한 계획은 그렇게 탄생했다. 시장에 대한 객관적인 조사 결과와 상황을 극복할 전략, 주체적인 역량을 최대한 동원할 때 생길 효과를 모두 고려하여 목표를 정한 것이다. 나는 이 웅대한 전망을 들고 본사로 들어갔다.

나는 해외 사업을 책임지고 있던 A전무와 팀장들을 초대한 뒤, 아프리카 비전 보고회를 개최했다. 시장의 잠재력을 설명하고, 우리의 목표와 비전을 설명한 다음 그것을 달성하기 위한 방안도 세세히 보고했다. 그러나 내 말을 듣고 있는 그들의 반응은 잠잠했다. 공감이면 공감, 난색이면 난색의 표시라도 즉각 해주면 좋으련만, 시종일관 변화 없는 표정으로 묵묵히 듣고만 있었다. 조바심이 났지만 내색할 수는 없었다.

보고의 핵심은 초기 지원의 필요성이었다. 나는 아프리카는 지금이 투자의 적기이며, 최소의 투자로 최대의 성과를 낼 수 있는 절호의 기회가 왔음을 역설했다. 그들은 아프리카의 잠재력에 대한 내 열변을 반신반의하며 들었을 것이다. 무엇보다 4년 후에 10배의 성장을 하겠다는 거침없는 주장을 믿기 어려웠을 것이다. 그렇다고 반대 의견을 개진하자니 머나먼 아프리카에서 날아와 투자를 요청하는 내가 한편으로는 안쓰럽기도 하고 해서 그들은 입을 다물고 있었던 것이다.

한동안 침묵이 흘렀다. 가슴이 답답했다. 누군가 긍정적인 말을 해주기를 바라며, 마른 입술을 꾹 깨물고 있었다. 바로 그때였다. A전무가 입을 열었다.

"류 법인장, 고민이 많았구먼. 자네가 원하는 만큼 투자를 하겠네."

"……! 전무님, 감사합니다. 꼭 약속을 지키겠습니다!"

"그래, 약속은 반드시 지키고 더 필요한 것이 있으면 말하게."

나를 서아프리카란 오지로 보낸 뒤 가진 평소의 미안함도 어느 정도 작용했을 것이다. 온몸의 진이 다 빠지는 기분이었다. 기뻤다. 어디 옥상에라도 올라가 고래고래 소리 지르고 싶은 마음이었다. 마침내 아프리카를 위한 투자가 결정된 것이다.

무엇을 공략할 것인가?

어렵사리 얻어낸 투자 계획. 그러나 막상 돈이 생기면 그것을 어떻게 써야 할지 모르는 사람들이 많다. 나는 사전에 세밀한 전략을 준비해 두었다. 어떻게 조직을 만들고, 어떻게 거래선을 찾고, 어떻게 브랜드를 만들어야 할지…….

무엇보다 중요한 건 브랜드 전략이었다. 브랜드가 바탕이 되어야 유통도 활발히 움직이고 가격도 제값을 받을 수 있기 때문이었다. 이를 위해서는 기존의 시장 리더들이 가진 브랜드 이미지와는 다른 이미지를 구축해야 했다. 소비자나 중간상의 머릿속에 제일 먼저 떠오르는 이미지로 무엇을 잡을 것인가는 매우 중요한 전략적 결정이다.

나는 오랫동안 이 문제를 놓고 고민했다.

'후발주자로서 선발자들을 이기려면 그들과는 다름을 정확하게 제시해야 한다. 그런데 더 좋은 제품이라고 주장해야 하나, 아니면 더 저렴한 가격으로 소비자들을 끌어와야 하나?'

고민의 끝은 바로 브랜드 전략의 본질에 닿아 있었다. 소비자의 애정과 신뢰의 기반을 어디서 찾고 가져올 것이냐의 문제였다. 다시 고민의 시간이 시작되었다. 그런데 의외로 해답은 가까운 곳에 있었다. 내가 발 딛고 서 있는 바로 이곳, 나이지리아라는 현장이었다.

'그들은 중동의 두바이에 있고, 우리는 아프리카에 있다. 이것만큼 확실한 차별점이 어디에 있을까? 그렇다. 우리가 공략해야 할 지점은 바로 여기다!'

당시 나이지리아에는 오직 우리 회사만이 사무실을 가지고 있었다. 어느 전자 업체도 그만큼 무모하지 않았다. 단순하지만 분명하고도 확실한 팩트는 그것이었다. 소비자의 애정과 신뢰는 바로 '우리가 당신들 곁에 있다'는 그 지점에서 탄생하게 될 것이었다.

스스로 빛을 내는 별

사실 우리가 현장에 있다는 사실은 엄청난 이점이었다. 우선 소비자와 중간상이 무엇을 원하는지 가장 정확히, 빠르게 알 수 있다. 또 그것에 따라 유연하고 창의적인 대응이 가능하다. 우리의 급선무는 현지인들의 갈증과 요구에 기초해서 만든 광고로 브랜드 이미지를 널리 알리는 일이었다.

우리는 현지에 광고 대행사를 만들어 현지인으로 구성된 광고를 만들었다. 한국이나 두바이 또는 유럽과는 비교하기 힘들 만큼 저렴한 비용이 들었다. 음악과 축구는 그들의 일상을 지배하는 코드였다. 우리는 브랜드 로고송을 만들었는데, 아주 대단한 히트를 쳤다. 잉글랜드 프리미어 리그에서 활약하는 제이제이 오코차라는 축구 선수를 기용한 광고도 만들었다. 그는 나이지리아의 차범근으로 불리는 인물이었다. 그를 기용한 광고는 축구광인 나이지리아인들로부터 커다란 환호를 얻게 해준 기폭제 역할을 했다.

더욱 획기적인 것은 3년 동안 두 번이나 아프리카 4개국 초청 축구 대회를 개최했다는 것이다. 첫 민선 대통령 오바산조의 취임식에 맞추어 열린 축구대회는 8만 명이 수용되는 거대한 스타디움을 가득 메울 만큼 열광적인 인기를 끌었다.

이어서 유통의 진입을 늘리기 위해 대규모 딜러 컨벤션을 개최했다. 이전에 어떤 브랜드도 시도한 적이 없던 일을 최고급 호텔 이벤트 홀을 빌려 진행한 것이다. 현지 TV 방송국 앵커맨과 앵커우먼을 MC로 한 딜러 이벤트는 큰 효과를 거뒀다. 무엇보다 딜러들은 스스로의 높아진 위상에 감격하며 열광했다. 우리는 그들에게 멋진 제품을 선물하며 더 높은 유통 마진을 약속했다. 대신 가격은 이전보다 훨씬 더 높게 설정하면서 말이다.

나이지리아 현지 실정을 반영한 이런 광고와 행사는 소비자와 딜러 모두에게 긍정적인 충격을 주었다. 그들은 이제껏 어떤 브랜드로부터도 이와 같은 대접을 받은 적이 없었던 것이다. 단단한 얼음에 물이 스며들 듯, 그들에 녹아들기 위한 우리의 시도는 그렇게 성공의 길을 걸었다.

한 가지 인상적이었던 건 딜러 컨벤션을 진행하면서 '선데이'라는 가수를 초청한 일이었다. 그는 나이지리아 최고의 인기 가수였다. 훤칠한 키에 잘 생긴 외모를 가진 그는 말도 시원시원하게 잘했다. 나는 그에게 물었다.

"나이지리아에는 인기를 끄는 가수가 정말 많군요. 늘 궁금한 것이 있었는데, 그 많은 가수들이 살아남을 만큼 나이지리아의 음악 시장이 그렇게 큰가요?"

그러자 그는 싱긋 웃으며 이렇게 대답했다.

"하늘은 수많은 별을 다 품을 만큼 충분히 넓죠."

그의 말이 오랫동안 뇌리에서 떠나지 않았다.

그렇다. 그게 하늘이다. 우주의 모든 별을 품고 있다. 그러나 하늘이 품어준 모든 별이 살아남는 것은 아니다. 스스로 밝은 빛을 낼 수 있는 별만이 사람들의 사랑을 받으며 기억되기 때문이다. 그렇지 못한 별은 그저 존재감 없는 또 하나의 무명별로 잊힐 뿐이다.

우리가 해왔던 모든 일들은 빛나는 별이 되기 위한 것이었다. 생명의 위험을 감수하며 라고스로 거점을 옮긴 일, 그리고 사랑받고 신뢰받는 브랜드로 자리 잡기 위해 실행했던 여러 가지 작업들……

빛을 내기 위한 준비는 모두 마쳤다. 이제 남은 것은 소비자들이 우리를 받아들일 것인가, 말 것인가의 기로뿐이었다.

마침내 정상으로

오랫동안 평화의 시기를 경험하며 나태함에 빠진 나라들은 갑자기 다가온 시련에 맥을 못 추고 쓰러지는 경우가 많다. 아프리카에서 20년 이상 군림하던 일본 브랜드들이 바로 그러했다. 그들은 이전까지 전혀 경험해 보지 못한 도전에 직면했다. 아니 그들은 위기를 감지할 수조차 없었을 것이다. 두바이에서 천하를 호령하던 그들이 아프리카 변방에서 무슨 일이 일어나고 있는지 알아차리지 못하는 건 당연했기 때문이다. 그리고 그들이 어느 정도 눈치를 챘을 때 상황은 이미 되돌릴 수 없게끔 변해 있었다.

우리의 국내 경쟁사인 S사 역시 마찬가지였다. 우리가 앞서 내달은

지 몇 년이 되자 마침내 그들도 뭔가를 눈치 챘다. 그러나 그들이 후발 주자로서 우리를 따라잡기는 이미 버거운 상황이 돼버렸다.

결론적으로 나의 결정은 옳았다. 우리는 하루가 다르게, 한 달이면 몰라보게, 일 년이면 까무러칠 기세로 시장을 석권했다. 목표를 앞당겨 3년 만에 10배의 매출을 달성했다. 만년 3류 브랜드가 불과 몇 년 만에 1등 브랜드로 환골탈태했던 것이다. 우리의 브랜드 인지도는 3%에서 어느 새 50%를 넘어서고 있었다. 세상이 바뀌었다.

이후로도 우리는 10여 년간 꾸준한 투자를 지속했고, 마침내 1등을 넘어 일류 브랜드로 자리를 잡았다. 모든 소비자가 가장 갖고 싶어하는 브랜드이자, 경쟁사들이 두려워하면서 존경하는 브랜드로 확고히 자리 잡은 것이다. 소비자의 애정과 신뢰는 바로 그들의 현실 속에서 캐내어졌다. 그렇게 우리는 나이지리아 소비자들의 눈에 씐 콩깍지와 같은 브랜드가 되었다.

이런 성공은 개인의 성공으로도 이어졌다. 나는 아프리카 영업 담당으로는 최초로 임원 타이틀을 얻게 되었다. 나와 함께 했던 주재원들, 현지에서 채용한 한국인과 외국인 직원들도 모두 활약을 인정받고 회사 내에서 든든한 입지를 구축했다.

해외 주재원으로 처음 부임할 때, 나는 거창한 타이틀이나 명예 대신 업의 주인공이 되고 싶다는 포부를 밝혔었다. 그러나 거꾸로 업의 본질을 추구하자 그 보상으로 회사의 꽃이라는 임원직이 주어졌다. 지난 10여 년 내가 걸어온 길은 그렇듯 더 힘차게 정진하라는 격려를 받았던 것이다. 나는 기쁘게 그 훈장을 받아들였다.

그러나 무엇보다 기쁜 것은 아프리카를 근본적으로 변화시키겠다는 나의 다짐을 얼마쯤은 성취했다는 사실이었다. 모든 것이 전화위복의 결과였다.

코끼리의 지혜로운 눈을 가진 통 큰 사업가 후아니

우리가 중동 아프리카 시장에서 선전한 데에는 한 가지 큰 행운이 따랐다. 바로 최고의 거래선들과 사업을 함께 할 수 있었다는 것이다. 그 중 하나가 나이지리아의 파트너인 모하메드 후아니이다.

내가 후아니를 만난 건 2001년 연말 나이지리아 라고스의 우리 사무소에서였다. 그는 아프리카의 소국인 시에라리온과 라이베리아에서 우리 제품을 취급하고 있는 후아니 가문 소속이었다. 그는 레바논의 AUL^American University of Lebanon에서 MBA를 마치고 형들과 함께 사업을 시작한 참이었다. 코끼리처럼 지혜로운 눈을 갖고 있지만 청년의 미숙함도 고스란히 묻어나오는 인상이었다.

그런데 그의 사업 기풍은 첫 인상과는 전혀 달랐다. 비디오 CD 플레이어를 40피트짜리 컨테이너로 오더를 때린 뒤 단숨에 70~80%의 시장 점유율을 장악하는 것이 그의 스타일이었다. 이처럼 통 큰 이면에는 겸손함이 몸에 배어 있었다. 자신이 알기 전에는 철저히 배우는 자세로 임했고, 이처럼 남의 말에 순종하면서도 혁신에 대한 주관만은 뚜렷했다. 나이지리아 현지 공장을 세워 누구보다 먼저 관세 혜택을 받기도 하고, 직영 판매점을 개설하는 등 획기적인 유통방식을 실행한 것도 바로 그였다.

경쟁사들은 솔깃한 제안으로 그를 유혹했다. 그러나 그는 일언지하에 모든 제안을 거절하고 우리 회사의 손을 놓지 않았다. 나이지리아 시장의 모든 제품에서 50% 이상의 점유율로 1위를 고수하고 있는 그에게 우리 회사는 자신의 분신과도 같은 존재였던 것이다.

"파트너가 나를 버리지 않는 한 나와 파트너사는 늘 한 몸이다."

그는 우리와 함께 한 최고의 파트너 중 하나였다.

극진 가라테에서
영업의 길을 찾다

새로운 전장으로

서아프리카 사업에 전념하던 내게 새로운 명령이 떨어졌을 때 나는 조금 당황했다. 서아프리카는 후임 법인장에게 맡기고 최근 여러 가지로 어려움을 겪는 우크라이나 사업을 진행해보라는 명령이었다. 우크라이나? 생면부지의 땅이었다. 그곳으로 가게 될 거라고는 전혀 상상해 본 일이 없었다.

내가 우크라이나로 간다는 말을 듣자 앙골라 거래선의 M사장은 웃으며 말했다.

"구소련 지역으로 간다고? 거긴 하얀 아프리카지."

사람만 하얗지 사회의 시스템이나 청결도는 아프리카와 다름없을 거라는 말이었다. 나 역시 어느 정도 각오하고 있었지만 '설마 아프리카만 하랴'는 기대감을 가진 건 사실이었다.

그러나 얼마 지나지 않아 나는 왜 M사장이 하얀 아프리카라는 표현을 썼는지 알 것 같았다. 불투명한 약속 이행, 상담 중에 갑자기 보드카를 꺼내고 권하는 모습은 차라리 애교였다. 지독한 흡연 습관, 비즈니스 디너를 하다가 갑자기 권총을 꺼내서 책상 위에 태연히 올려놓는 행위, 그러다가 술을 마시면 거의 떡이 되도록 취하고 마침내 사우나까지 함께 가서는 우애를 과시하는 문화……. 세련된 프레젠테이션과 논의를 거쳐 합의에 이르는 유럽, 미국형은 확실히 아니었다. 아프리카를 겪은 마당에 새삼 당혹스러워 하지는 않았지만, 은근한 기대도 산산조각 나고 말았다.

그런데 문제는 시장의 상황이었다. 경쟁사의 기세가 하늘을 찌르고 있었다. 시내는 온통 그들의 광고로 도배되어 있었고, TV에서도 그들의 광고만 나왔다. 한국에서는 우리와 점유율을 반분하고 있지만 이곳에서는 그들이 압도적인 1위를 달렸다. 당시 전 세계에서 경쟁사의 위상이 가장 높았던 곳이 우크라이나였다고 하니 상황을 짐작할 수 있을 것이다. 우리가 중동과 서아프리카에서 달성했던 위업을 그들은 우크라이나에서 재연하고 있었던 것이다.

내가 부임한 뒤 회사는 우크라이나 지사를 판매법인 체계로 바꾸었다. 그러나 이후 6개월을 우리는 속절없이 밀리기만 했다. 우리는 그들이 만든 시장의 규칙을 반드시 깨뜨려야 했다. 그러나 마땅한 방법이 없었다.

참호 속에서 꺼내든 파이터의 비결

전쟁터에 나간 병사들이 가장 두려워하는 것은 적의 총탄이 아니라 포격이라고 한다. 참호 속에 웅크리고 앉아 포탄이 날아오기를 기다리는 것은 지옥에 비견되는 공포를 안겨준다. 어느 쪽이 명중률이 더 높은지는 모르겠지만, 그만큼 포격의 위력은 상상을 뛰어넘는다.

그런데 영업에서도 비슷한 일이 생긴다. 우리와는 비교할 수조차 없을 만큼 풍부한 자원을 가진 경쟁사의 공세가 시작될 때 느끼는 공포도 상상을 초월한다. 도저히 손쓸 수 없는 무력감과 패배의 두려움이 온몸을 조여 온다. 대부분의 시장에서 그랬지만 나는 특히 우크라이나에서 그런 공포를 심하게 맛보았다. 경쟁사는 마케팅 측면에서 모든 것이 완벽에 가까울 만큼 준비되어 있었던 것이다.

참호 속에서 병사들은 어떻게 공포를 이겨낼까? 사랑하는 가족의 사진을 꺼내 보거나 그도 아니면 포켓용 성경책이라도 들쳐보는 것일까? 그런데 나는 좀 특이하게도 '바람의 파이터'로 알려진 최배달을 떠올렸다. 그를 생각하며 다가올 전투에 대한 의지를 곧추세우고 있었다.

잘 알려져 있다시피 최배달은 청소년기에 일본으로 건너가 그곳에서 무도가의 일생을 산 인물이다. 일본의 무술 도장을 돌며 가는 곳마다 상대를 제압했고, 이것은 '도장 깨기'라는 유명한 일화로 알려져 있다. 나중에 그는 세계로 나아가 곳곳의 고수와 대결을 벌이면서 100전 100승의 신화를 창조했다. 그는 자신의 무술을 집대성해 '극진極眞 가라테'를 창시했는데, 이것은 실전 무술로서 격투의 한 세기를 풍미했다.

최배달은 여러 어록을 남겼다. 그런데 그때 내 마음을 강하게 사로잡은 건 다음과 같은 말이었다.

"오른손을 못 쓰게 되면 왼손을 사용하라. 양손을 못 쓰게 되면 오른쪽

다리를 사용하라. 오른쪽 다리를 못 쓰게 되면 왼발을 사용하라. 그것이 안 되면 머리를 사용하라. 그것마저 안 되면 저주해서라도 상대를 쓰러뜨려라. 이것이 쿄쿠신(극진)이다."

자신이 가진 최후의 한 방울까지 짜내어 승부의 극한으로 들어가라는 말! 그것만큼 당시의 나를 위로하고 고무하는 말은 없었다. 어릴 때부터 승부근성이 남달랐던 나는 그를 흠모하고 동경했다. 그런데 수십 년의 세월을 거슬러 오르며 그때의 최배달이 되살아나 내 앞에서 전투의 북을 울리고 있었다.

'그렇다. 싸움에 임박해서 필사적이 되는 건 동물적 본능일 뿐이다. 아무리 애를 써도 죽을 수밖에 없는 상황에서는 누구나 죽을 각오를 하겠지. 하지만 그의 말대로 문제는 기필코 이긴다는 신념을 갖는다는 거다. 좋아, 한번 부딪쳐 보자. 우리는 반드시 이 승부에서 이긴다!'

나는 그렇게 패배의식을 떨쳐냈다. 다가올 일전에 대한 긴장감 속에서 나는 참호 밖으로 몸을 일으켰다.

상대의 약점에 대한 1:1 대응

물론 신념만으로 적을 이길 수는 없다. 적을 알고 나를 아는 지피지기의 과정이 반드시 필요하기 때문이다. 나는 우선 상대에 대한 면밀한 분석 작업에 돌입하기로 했다.

그 결과는 기대 이상이었다. 모든 걸 갖춘 경쟁사이지만, 자세히 보면 그런 가운데서도 분명 허점이 있다는 사실을 발견한 것이다. 그들은 높은 시장 지배력을 바탕으로 충분한 마케팅 자원을 확보하고 있었다.

우리가 사용하는 예산보다 최소한 두 배 이상의 자금력을 갖추고 있었을 것이다. 그런데 그 자원을 사용하는 데 약간의 문제점이 보였다.

우선 그들은 본사에서 만들어준 글로벌 광고를 그대로 사용하고 있었다. 본사가 주도한 스토리는 훌륭하지만 현지의 사정이 반영되지 않는 경우가 많다. 소비자의 마음을 울리는 힘이 약한 것이다. 그런데 그들은 그런 부분을 무시하고 있었다.

광고의 타깃도 문제였다. 그들은 일반 광고에 힘을 쏟고 있었다. 즉 우수한 제품을 알리는 스토리이기는 했지만 최고급 소비자를 타깃으로 한 스토리텔링에는 취약한 부분이 있었다. 이것은 경쟁사가 시장 점유율을 가져가는 데는 유리했지만 프리미엄 브랜드로 인식시키는 데는 한계가 있는 방식이었다.

프리미엄 시장에 대한 대응에서의 문제점은 가격, 유통 정책에서도 보였다. 그들은 지나치게 가격 중심으로 시장을 운영하고 있었다. 이렇게 되면 시장의 가장 큰 부분에서 수요를 흡수하는 데는 유리하다. 그러나 높은 가격대의 프리미엄 시장에서는 상대적인 약점을 보일 수밖에 없다. 이것은 그들이 유통 전략을 구사하는 현장에서도 쉽게 확인할 수 있는 현상이었다. 광고와 프리미엄 시장에서 경쟁사가 보이는 이런 약점을 우리는 놓치지 않았다.

마지막으로 내 눈에 들어온 것은 또 있었다. 그들의 핵심 공략 대상이 키예프를 중심으로 하는 수도권 시장이라는 점이었다. 지방으로 가면 그들의 장악력은 상당히 떨어지고 있는 게 사실이었다. 이것은 우리에게 엄청난 기회를 준 것과 다름없었다. 우리는 지방 시장에 집중하여 경쟁사의 손발을 잘라낼 수 있다. 그런 뒤에는 수도권에 고립된 경쟁사에게 보다 집중화된 공격을 가할 수 있다. 전국적인 판도가 바뀐다면 결국 수도권에서의 변화도 필연이 될 가능성이 많았다. 포위전략이었다.

결론적으로 그들은 가장 덩치가 큰 중급 가격대의 시장과 수도권 시장을 중심으로 막대한 광고비를 투자해 성과를 내는 시스템을 갖고 있었다. 그렇다면 우리는 광고와 프리미엄, 지방 시장에 대한 공략으로 판도를 바꿔 놓을 수 있을 것이다.

마침 소비자에 대한 분석도 우리가 수립할 전략을 뒷받침해주고 있었다. 나는 우크라이나 소비자들이 화려함을 좋아하고, 남들에게 돈 보이려는 현시욕이 누구보다 강하다는 사실을 확인했다. 그들은 최고의 제품을 구매하고 이를 남들에게 뽐내고 싶어 하는 욕망에 목말라 있었다. 이런 고급 지향성을 만족시켜 주는 제품의 공급과 이를 알리려는 홍보 전략이 우리의 첫 번째 발걸음이 돼야 했다.

이처럼 상대에 대한 분석을 마치자 내 안에서는 전투 의지가 더욱 거세게 끓어올랐다. 최배달의 말처럼 S사란 강적을 상대로 승부의 극한을 맛보고 싶다는 욕망이 피어올랐던 것이다. 나는 상대의 약점에 대한 철저한 1대1 대응으로 이 승부를 끌어가기로 마음먹었다.

경쟁자가 쌓은 둑을 무너뜨리는 방법

제일 먼저 우리가 취한 행동은 광고의 현지화였다. 무엇보다 현지의 셀러브리티Celebrity(유명인)를 활용한 고급 이미지의 확보와 확산을 노렸다. TV에서 큰 화제를 모았던 '스타와 춤을'이라는 프로그램에서 우승한 여가수를 광고 모델로 섭외하여 화제성을 노렸다. 이와 함께 최고급 냉장고였던 크리스털이 박힌 컬러 양문형 냉장고를 최고급 가격으로 출시했다.

제품을 판매할 유통의 차별화 확보도 관건이었다. 우리는 아무 유통에나 마구 뿌리던 제품을 유통별 특성으로 다시 나누었다. 고급 유통에는 고급 제품을, 가격 중심의 유통에는 그에 맞는 제품으로 차별화된 디스플레이를 추진했다. 역점을 쏟던 고급 유통에는 사전에 훈련된 전문화된 판매원을 배치하여 점내 판매 활동을 강화했다. 상황은 급변했다. 출시 3개월 만에 최고급 냉장고 시장이 우리 손아귀에 들어왔다.

우리는 세탁기에도 마찬가지 전략을 구사했다. 다이렉트 드라이버를 장착한 우리의 세탁기는 현지화된 최고급 광고의 출시와 함께 시장에서 동이 나버렸다. 가전 제품의 고급 시장을 석권한 것은 이러한 전략이 시행되고 일 년이 채 걸리지 않았을 때였다. 뒤이어 우리는 에어컨 시장과 브라운 제품이라 불리는 오디오 · 비디오 제품에서도 시장을 리드하기 시작했다. 프리미엄 시장에 대한 공략이라는 우리의 전략은 그렇게 맞아떨어지고 있었다. 더불어 프리미엄 시장의 석권 효과는 중고, 중저가 시장으로까지 번져 전 제품의 판매가 뛰어오르기 시작했다.

그러나 우리는 공세의 고삐를 늦추지 않았다. 지방 시장에 대한 대응은 이 승부에 결정적인 승부처로 작용했다. 우리는 막대한 인적, 물적 역량을 투입하여 전국 8개 도시에 지역 마케팅 센터Regional Marketing Center, RMC를 설치했다. 유통과 디스플레이, 제품 서비스 등 지방 시장에서 요구하는 모든 것을 이 틀 안에 담아냈다. 나중에 20개 소까지 늘어난 RMC는 지방 시장의 세력 판도를 완전히 우리 쪽으로 돌려놓은 전환점이었다.

경쟁사가 수도권에 고립되자 시장에는 역트렌드 현상이 발생했다. 전국적으로 우리 제품에 대한 수요가 빗발치자 수도권 역시 외딴 섬으로 남아 있을 수는 없었던 것이다. 결국 수도권의 판도도 바뀌기 시작했다. 이것은 경쟁사가 최후의 거점을 잃는다는 걸 의미했다.

상황이 이렇게 바뀌자 다른 부문의 매출도 덩달아 불이 붙기 시작했다. TV 시장은 우리의 계속된 공격으로 경쟁사와의 격차가 크게 줄어들었다. 그동안은 점유율에서 3배 이상 뒤졌지만 이제는 1~2%의 격차를 보이는 사실상의 공동 선두 브랜드로 자리매김한 것이다. 이밖에도 IT에서 우리가 집중하던 모니터 시장에서도 1위를 차지했다.

결론적으로 우리가 거둔 것은 차원이 다른 성공이었다. 절대적으로 부족한 자원을 가지고 이토록 단시간 내에 시장을 장악한 것은 이전에 없던 일이었다. 만년 2위가 1위를 잡았다. 선두가 가진 약점을 찾아 그것을 집중 공략하는 전략으로써 말이다. 약점의 근원을 확인하고 차별화된 방법을 전개하여 적을 조금씩 무너뜨리면 결국 1위의 제방은 무너지게 된다는 사실이 증명된 것이다. 경쟁사는 우리의 치밀한 전략에 속수무책 당할 수밖에 없었다. 그들 역시 긴급하게 방어막을 세우려 했지만 우리는 성난 물결처럼 모든 것을 쓸어버렸다.

승부의 극한을 맛보고 싶다던 나의 희망도 충족되었다. 나에게는 아무런 유감도 남지 않았다. 젖 먹던 힘까지 쏟아 부으며 승부에 몰입했고, 시장의 석권으로 모든 것을 보상받았다. 그랬다. 만년 2위였던 우리가 시장의 선도자로 새로이 등극한 것이다.

업(業)의 본질

우크라이나 영업을 하면서 나는 인상 깊은 경험을 한 일이 있다.

지방의 거래선을 중시하던 나는 매주 마지막 이틀은 이들을 방문하여 함께 하는 시간을 갖곤 했다. 고장이 잦은 일류신 비행기보다는 운전기사를 대동한 자동차를 타고 우크라이나 전역을 누볐다. 차 안에서 보내는 여가는 대개 잠을 자면서 보드카에 찌든 몸에 휴식을 주는 시간이었다.

한 번은 자다가 깨어보니 끝도 없이 이어진 벌판에 온통 해바라기가 가득했다. 영화 《해바라기》에서 남편 안토니오를 찾아 떠난 지오반나(소피아 로렌)가 절망과 희망이 교차하는 철로 위에서 바라보았을 법한 바로 그 풍경이었다. 그 장엄했던 해바라기 밭의 영상이 중첩되면서 내 마음 속에도 색다른 감정이 피어오르기 시작했다.

지오반나의 목숨을 건 기나긴 여정은 오직 자신의 극한 사랑을 증명하기 위한 것이었다. 나 역시 그러했다. 그 무렵은 내가 영업 전선에 뛰어든 지 20년이 가까워 오던 때였다. 온갖 곳을 다니고 온갖 풍상을 겪으면서 나는 온갖 정성을 다해 영업의 외길로 매진했다. 그렇듯 열심히 살고 영업을 하다 보니 이렇게 장엄하고 아름다운 광경을 만나는 날도 있구나……. 내 낯선 감정의 정체는 그러했다.

지오반나는 결국 자신의 사랑을 이루지 못한다. 하지만 어쩌면 그건 아무래도 상관없는 일이었을 것이다. 사랑을 이루기 위해 겪어낸 그 숱한 과정이야말로 진정한 가치였을 테니 말이다. '진인사대천명'이라고, 일의 결과야 어찌 사람에게 속해 있는 것일까? 나 또한 그렇지 않은가. 내가 걸어온 것은 모든 걸 걸고, 모든 것을 쏟아 부은 길이었다. 그 과정에서 이루지 못한 숱한 일들이 있지만, 그건 중요하지 않을 수 있다. 오히려 그것들로 인해 내 삶은 더 완성도 높은 스토리로 엮어져 왔는지도 모르기 때문이다.

나는 그렇게 장엄한 해바라기 밭 앞에서 내 삶과 내 업이 걸어온 길을 반추하고 있었다. 그리고 나는 생각했다. 어쩌면 내가 걸어온 길, 내가 걸어가야 할 그 길을 '극진 영업'이라는 단어 속에 응축해도 좋겠다는 생각이었다. 최배달과 내 삶을 비교하는 것은 우스운 짓이 분명할 것이다. 그러나 '극진'이라는 말 속에 함축된 뜻이야말로 그토록 발버둥 치며 찾아왔던 내 업의 본질이었는지도 모른다는 생각이 뇌리를 스치고 있었다.

우크라이나의 미녀 군단

우크라이나인들은 내가 보기에는 가장 백인에 가까운 사람들이다. 내가 우크라이나로 부임한다고 하자 많은 사람들의 첫마디가 '거기엔 미인들이 많다'는 것이었다. 실제로 그랬다. 작고 갸름한 얼굴형, 동그스름한 이마에 크고 둥근 눈망울, 오뚝한 콧날에 붉은 입술, 그것과 대비된 하얀 얼굴. 대충 머리카락만 매만지고 나서면 모두가 월드 클래스 미인이 되는 수준이었다.

얼굴만이 아니다. 늘씬한 8등신 몸매에 가늘고 긴 다리, 볼륨감 있는 히프와 잘록한 허리에 비정상적으로 잘 발달한 가슴까지……. 누구나 조금만 몸매 관리에 신경을 쓰면 천하제일의 미녀라는 칭송을 받을 만하다. 우크라이나에서 고등학교까지 다닌 딸아이는 묘한 질투심을 느끼면서도 그들의 천부적인 미적 자산에 대해서는 군말 없이 고개를 끄덕이곤 했다.

그런데 우크라이나 여성들은 미모만 뛰어난 것이 아니었다. 우크라이나를 포함한 CIS권 대부분이 그렇지만 여성들은 생활력에 있어서도 남성들을 압도한다. 우크라이나에서 직원을 뽑으려고 광고를 내면 남녀 지원자들이 쇄도를 한다. 그런데 인터뷰를 해보면 여성 지원자들의 실력이 월등해서 우리 나름의 배려(?) 없이는 남성들이 선택될 기회가 적을 정도였다.

결과적으로 지역 마케팅 센터에서 일하는 직원의 80%는 여성이었고, 지점장들도 여성이 압도적으로 많았다. 이들은 아마조나스 여전사 집단처럼 우리 회사의 최전선을 지켰고, 위기탈출에도 큰 힘을 발휘했다.

요즘도 그때의 멤버들과 SNS를 통해 안부를 나누고 있다. 많은 사람들이 다른 나라로 이동해 새로운 삶을 살고 있다. 우크라이나 시장도 전쟁으로 쪼그라들어 더 이상 과거의 영화를 찾아 볼 수는 없다. 그러나 그때 모두가 함께했던 뜨거운 순간들, 어떠한 상대든 거침없이 돌파하며 찬란한 승리를 구가했던 기쁨을 그들은 여전히 생생하게 기억하고 있다.

하늘이 무너져도
제품을 팔 수 있는 조직이 있다면?

새로 부임해 온 장수

'이런 조직을 데리고 어떻게 막강한 적과 상대한다는 거지?'

우크라이나에 부임한 후 내가 제일 먼저 한 일은 법인의 현황을 낱낱이 파악하는 것이었다. 그리고 적잖이 실망했다. 가장 중요한 역할을 담당해야 할 판매조직의 역량이 생각보다 훨씬 더 취약하다는 사실을 깨달았던 것이다. 그때까지의 조직이 지사의 틀을 벗어나지 못해 판매법인과 달리 역량이 부족한 것은 이해할 수 있었다. 그러나 세계 최고라는 S사를 상대해야 하는 장수의 입장에서 이대로 전투를 치를 수는 없다는 판단이 들었다.

목표도 있고 팔아야 할 물건도 준비되어 있었다. 그런데 물건을 팔아야 할 판매 조직과 그들의 판매 역량이 부족하다. 장수가 새로 전쟁터에 부임해 왔는데, 정작 현지 부대의 상황이 말이 아닌 형국이었다.

'개인주의와 이기주의가 판을 치는 조직은 백전백패다. 차라리 얌전하게 승부를 접고 말지, 그런 조직을 가지고 전쟁을 하면 희생자만 양산될 뿐이다.'

그런데 우크라이나의 판매조직이 개인주의와 이기주의가 판을 치는 그런 조직이었다. 그 조직을 변화시켜 세계 최강의 팀과 격돌해서 승리해야 했다. 나는 머리를 싸맬 수밖에 없었다.

물론 그들의 개인주의에는 이해해 줄 만한 요소가 있었다. 우크라이나인들은 한 번도 스스로 국가를 형성해 본 경험이 없다. 어느 날 갑자기 소련으로부터 떨어져 나와 국가를 이뤘다. 이념과 대의를 집단적으로 공유해 본 경험이 전혀 없었던 것이다. 이런 사람들이 개인과 가족을 제1의 가치로 여기는 건 어쩌면 당연했다. 그러나 삶의 방식은 이해하지만 그것을 사업의 방식으로까지 용인해 줄 수는 없는 일이었다. 나는 우크라이나의 판매 조직을 완전히 뜯어 고쳐야 했다. 쓸 만한 조직이 아니라 세계 최강의 군대로 바꿔야 했다. 그게 우크라이나에 막 부임한 나의 당면 임무였다.

다른 세상을 보여주기

아직 들판에 눈이 가득했던 3월 초. 우리는 10킬로미터의 눈길을 행군했다. 고난을 함께 하는 것만큼 공동체 의식을 높이고 팀워크를 다지는 데 유용한 것은 없다고 판단한 것이다.

50여 명의 인원이 전원 행군 복장을 하고 무릎까지 빠지는 눈길을 걸었다. 마침 그날 새벽에는 폭설까지 몰아쳤다. 상상보다도 훨씬 더 괴로운 노역이 펼쳐진 것이다. 나는 매니저들과 함께 선두에서 대열을 이끌었다. 모두가 불만 가득한 얼굴이었다. 아마도 이런 종류의 행사는 태어나서 처음 겪는 일이었으리라. 나중에 그들은 술회했다. '정말이지 당신을 죽이고 싶을 정도였어요'라고.

그러나 삼십 분이 지나고 한 시간이 흐르자 그들의 표정은 서서히 바뀌기 시작했다. 입에서 단내가 나고 땀은 비 오듯 하는 상황이었다. 그런 상태에서는 불만을 느낄 겨를조차 없다. 오직 걷는 일에만 집중해야 한다. 옆에서 걷던 동료가 넘어지면 손잡아 일으켜주고, 비틀거리는 동료는 자신의 지친 어깨와 두 다리로 부축해줘야 한다.

그 괴로운 상황을 벗어나는 길은 오직 하나, 빨리 목표지점에 도달하는 것이다. 그러나 그 목표는 혼자서는 절대 이룰 수 없다. 동료의 격려와 손과 어깨가 필요하기 때문이다. 모든 동료가 안전하게 결승선을 통과해야 한다. 그들은 팀이기 때문이다.

내가 의도한 건 그것이었다. 나는 그들이 안주하고 있는 개인주의의 작은 오두막과는 전혀 다른 세상을 보여주고 싶었다. 거칠고 힘들지만 진한 동료애가 있고 더 큰 가치와 성취의 보람이 있는 진짜 비즈니스의 세상. 물론 단 한 번의 경험으로 낡은 관행이 사라질 수는 없다. 그러나 그들의 굳은 머리와 몸통을 흔들어 깨울 계기가 필요하다고 판단한 것이다.

그로부터 두 시간이 걸려서 우리는 대도시 교외에 있는 목장식 레스토랑에 도착했다. 레스토랑에 딸린 사우나에 들어가서 모두들 함께 웃었다. 한번도 경험해 보지 못한 동료애와 팀워크는 익숙했던 서로의 얼굴들을 전혀 다르게 느끼도록 해주었을 것이다. 무엇보다 그들의 얼굴에는 어려움 속에서도 뭔가 이뤄냈다는 성취감이 가득했다.

이기는 조직 설계

변화의 계기는 그렇게 만들어졌다. 이제는 보다 정교하게 설계된 시스템에 이 분위기를 담아내야 했다. 내가 구상하고 있는 것은 지역 마케팅 센터Regional Marketing Center, RMC였다. 유통의 재고 관리, 판매원의 교육과 관리, 판촉 활동 등 판매에 필요한 일체의 사항을 책임지는 판매 전담 조직이었다.

나는 우선 이 센터를 전국 8개 도시에 설치했다. 각 RMC에는 소장과 제품별 머천다이저를 두고, 그들의 지휘를 받는 프로모터도 배속시켰다. 나중에 RMC는 전국 20개 소로 늘어났고, 머천다이저와 프로모터도 200명 수준까지 늘었다. RMC는 전국의 모든 유통을 관리하고 판매를 조직적으로 지원하는 판매의 핵심 역량이었다.

나는 또 한 가지 전략적 임무를 RMC 조직에 부여했다. 지방에서 약점을 보이는 경쟁사를 공략하기 위한 특별한 임무였다. 산재한 RMC가 곳곳의 판도를 바꿀 수 있다면 수도권에 고립된 경쟁사에게 결정적인 승기를 잡을 수 있다는 판단 때문이었다.

이런 시스템은 일찍이 다른 어떤 법인도 갖지 못한 획기적인 판매 구조망이었다. 이 조직의 확보로 이제 어떤 제품을 가져와도 즉각 내실 있는 판매를 할 수 있는 여건을 갖추었다. 나는 새로운 제품이 출시되기 전에 전국의 RMC 요원을 교육하고, 각각의 멤버들에게 판매 목표량을 등록하게 했다. 이를 달성하면 그에 맞는 포상을 했다.

현지 특성에 맞는 광고를 통해 제품에 대한 사전인지는 충분히 시켜놓은 상태였다. 이제 어떤 경쟁 상대와 맞부딪치더라도 무서울 것이 없었다. 그들이야말로 시장의 판도를 뒤흔들 진정한 혁명군이었다.

"We are the champions!"

이후의 상황은 이미 밝힌 바 대로이다. 정교한 1대1 대응과 강력한 판매 조직의 힘으로 우리는 경쟁사의 성채를 하나하나 무너뜨려 나갔다. 백색 가전부터 1위를 탈환했고 모니터, 오디오, 비디오 제품에 이르기까지 거의 모든 가전에서 1위를 달성했다. 이전의 모든 기록을 돌파했고, 심지어는 거대 시장을 담당하는 러시아 법인의 매출을 추월하기도 했다.

단순히 매출만 늘어난 것이 아니다. 이익률이 세계 최고 수준으로 치솟았다. 그렇게 내가 근무하던 4년 동안 우리는 경쟁사의 아성을 무너뜨렸다. 그 빈자리에는 우리 회사의 새로운 성채가 들어섰다.

매년 12월 중순이면 우리는 한 해를 마감하는 행사를 갖는다. 각 팀별로 그 해의 실적을 평가하고 다음 해의 목표를 공유하는 행사이다. 이에 따라 한 해 동안 열심히 일한 팀과 개인에게 포상도 하고 축하도 하는 자리였다.

부임 뒤 두 번째 갖는 2007년의 연말 행사는 좀 특별했다. 2년 연속 쾌조의 성장과 함께 시장을 석권하는 제품들이 쏟아지기 시작했다. 다음 해의 사업 기상도 역시 '맑음'이었다. 미래에 대한 기대치 역시 한껏 달아올랐다.

한참 행사를 진행하는 도중, 뜻밖의 일이 벌어졌다. 갑자기 모든 직원들이 손에 손을 잡았다. 그러고는 누가 시키지도 않았는데, '우리는 챔피언'이라는 그 유명한 퀸의 노래를 합창하기 시작했다. 홍조 띤 얼굴에 함박웃음을 지으며 모두들 목청이 터져라 노래를 불렀다.

나쁜 실수를 몇 번 저지르고

받아야 할 비난도 받았지만

난 이겨냈어요

내겐 앞으로 나아가는 일만 남았죠

친구들, 우린 최고가 되었어

우린 끝까지 싸울 거야

우리는 챔피언

우리는 챔피언

패배자에겐 설 곳이 없지

우린 이 세상의 승리자이니까 말야

노래 가사대로였다. 그들은 개인주의를 극복하고 앞으로 나아갔다. 그러고는 끝까지 싸워서 마침내 승리를 움켜쥐었다.

출장길에 이 행사에 참여한 본사 사람들은 모두 놀라움에 입을 다물지 못했다. 이 자발적이고 장엄한 풍경은 많은 경험을 가진 그들에게도 아주 낯선 모습이었던 것이다. 그들은 내 손을 덥석 잡으며 말했다.

"류 법인장, 정말 감동이오! 난 현지인이 이렇게 똘똘 뭉쳐 승리를 일궈낸 모습을 어디서도 본적이 없었어요."

그들의 얼굴은 상기되어 있었다.

나 역시 벅찬 마음을 누를 수 없었다. 이제까지 이런 종류의 행사에 참여한 경험은 많지만 그날처럼 가슴속 깊은 울림으로 기억된 날은 없었기 때문이다.

'이 멋진 친구들을 한때 쓸모없는 존재라고 비난했던 게 미안해지는 순간이구먼. 열망과 시스템이야말로 한계 없는 도전의 어머니이지. 멋지게 한계를 돌파한 이들이야말로 챔피언이야. 승리자의 자격이 있고말고.'

그렇게 생각하는 내 눈시울도 붉어지고 있었다. 그랬다. 그들이 바로 진정한 승리자였다.

위기에서 회생하다

"현 시점 재고는 모두 얼마나 되지?"

"이미 출항한 배까지 합치면 컨테이너만 약 1,500개 정도 됩니다."

"……."

컨테이너 1,500개. 그 엄청난 화물이 우크라이나 남부의 오데사 항구를 가득 채웠다. 항구는 완전히 마비가 되었다. 갑자기 거래선들의 주문이 중지되면서 벌어진 일이었다.

2008년 10월 27일, 셰브첸코 우크라이나 대통령은 IMF가 제시한 긴축 재정 조건을 받아들였다. 우크라이나에도 이른바 'IMF시대'가 찾아온 것이다. 미국 발 세계 금융위기의 여파가 이 나라를 덮쳤다. 승승장구하던 우리의 사업도 하루아침에 가라앉아버렸다.

이후의 일들은 제대로 기억나지도 않는다. 본사로 긴급 메일을 보내고, 모든 제품의 선적을 중지시키고, 적체된 화물을 처분하고, 적체 비용의 할인과 거래선에 대한 보상을 위해 협상을 하고…….

피가 마르는 6개월은 그렇게 흘러갔다. 디머리지 비용 Demurrage cost(기한 내 처리하지 않아 발생하는 항구 보관 비용)만 수백 만 달러에 달했다.

상반기 결산을 해보니 매출은 전년 대비 70%가 빠졌다. 손실은 자그마치 수백억 원에 달했다. 전년도에 벌어들인 이익의 대다수가 연기처럼 날아가버렸다. 한국의 본사가 없었다면 우리는 완전히 도산해버렸을 것이다.

그러나 우리는 살아남았다. 단순히 목숨만 유지한 것이 아니다. 시장 붕괴 상황을 이용하여 더욱 확고한 1위로 치고 올라갔다. 7월부터 적지만 흑자를 기록하고, 이 규모는 이후 6개월 동안 수십억 원으로 불어났다. 얼마 안 되는 수익이지만 이것은 우리가 회생하고 있다는 분명한 징표였다.

어떤 상황에서도 제품을 팔 수 있는 조직

불가항력적인 재앙에서 반년 만에 정상을 회복한 것은 결코 운으로 치부할 일이 아니었다. 내가 본 경영난에 빠진 대부분의 기업들은 몇 년간 처절한 고통을 거친 뒤, 아주 운이 좋아야 살아났다. 그런데 우리는 놀라울 정도의 복원력을 보여주었던 것이다. 그토록 단기간 내 회복이 가능했던 이유는 무엇이었을까? 법인이 가지고 있었던 강한 펀더멘탈 덕분이었다. 그리고 그 펀더멘탈의 뼈대를 이루고 있었던 것이 바로 RMC였다.

RMC는 위기 상황에서 질서 있는 퇴각과 반격을 담당했다. 이 조직은 실판매 특화 조직이었다. 법인에서 거래선으로 물건을 넘기는 것으로 끝나는 것이 아니라, 제품이 소비자의 손에 들어가기까지 물 흐르듯이 프로세스가 이어진다. 다시 말해 어느 곳에서도 물건이 정체되는 일이 없도록 만든다. RMC의 이런 특성은 위기의 순간에도 유감없이 발휘되었다. 수급량을 탄력적으로 조정하고, 위기 상황에 필요한 판매 방식으로 전환함으로써 변화에 대한 적응을 완료한 것이다. 그렇게 RMC는 '위기를 기회로 역전시킨다'는 식상한 레토릭을 현실로 입증했다. 그 어떤 상황에서도 판매를 유지해 나간다는 우리 조직의 목표를 완벽하게 수행했던 것이다.

이토록 놀라운 성과를 보인 RMC의 경험이 전사 차원에서 공유되지 않는다면 그게 더 이상한 일이다. 실제로 이 판매 조직 모델은 전사로 파급되었다. 최고의 판매 역량을 상징하는 모범으로서 전사적인 역량 확보에 기축이 된 것이다.

오늘날 판매 조직의 중요성은 나날이 높아가고 있다. 모든 기업들이 전력을 쏟고 자원 배분에 공을 들이는 파트가 바로 판매이다. 판매야말로 기업의 생존과 유지·발전에 없어서는 안 될 핵심 역량의 핵심 역량으로 꼽히고 있는 것이다. 그런 판매 역량의 요체는 결국 어떤 순간에도 제품을 팔 수 있는 힘이다. RMC는 그럴 수 있는 조직의 위력이 어떤 것인지를 생생하게 보여주는 증거였다.

우크라이나에서의 승리 비결로 승리에 대한 강한 열망과 정교한 전략의 힘을 손꼽을 수 있을 것이다. 그러나 더 중요한 건 우리가 구축한 인적 자산과 판매 시스템의 위력이었다. 그들이야말로 전략의 실행 단위로서 시장의 온갖 풍파를 온몸으로 감당한 존재였기 때문이다.

그들이 없었다면 우크라이나 법인은 없었다. 그들이 없었다면 승리도 없었다. 그들은 말 그대로 하늘이 무너져도 제품을 팔 수 있는 조직이었다. 나는 우리가 쌓은 업적의 모든 공을 그들에게 돌려도 부족함이 없다고 생각한다. 사람의 중요성과 그들이 갖는 힘의 크기를 나는 우크라이나에서 절실히 깨달았다.

이상한 나라 우크라이나

우크라이나는 확실히 이상한 나라다. 우크라이나란 국호로 역사상 단 한 번도 통합된 나라를 만들어 본 경험이 없다. 8세기에 키예프 공국이란 이름을 올리기는 했지만, 곧 모스크바 공국으로 흡수되었다. 12세기에는 몽골의 침략으로 400여 년간 철저하게 유린당하기도 했다. 이후 폴란드, 게르만 그리고 러시아의 각축장이 되어 늘 세력이 센 편으로 흡수당하며 혼란스런 정체성을 가진 나라가 되었다.

이러한 역사적 과정 속에서 민족이나 국가란 대의는 약해지고, 나와 가족의 안전과 행복이 가장 중요한 목표가 되었다. 이런 개인주의 성향은 회사에서 일을 할 때도 확연히 드러난다. 그들은 회사나 일에 대한 충성도가 매우 약하다. 회사가 내게 좋은 보수를 줄 때에만 열심히 정해진 시간에 일할 뿐, 퇴근 시간을 넘는 자발적 근무는 당연히 없다. 회사가 어려울 때, 그 동안 자신이 몸담았던 조직을 위해 자그마한 희생을 감내할 준비는 더더욱 기대하기 어렵다.

최근 러시아와 극심한 갈등을 겪고 있는 우크라이나를 보면서 나는 정치가 무엇인지 생각할 때가 많다. 정치는 국민이 원하는 바를 찾아 그 방향으로 가도록 길을 만들어 주는 것이다. 그렇다면 우크라이나인들이 바라는 것은 무엇일까? 그들은 이웃 나라인 폴란드의 길을 가고 싶어 한다. 오랫동안 구소련 중심의 체제에 묶여 있던 폴란드는 구소련의 해체와 함께 사회주의

블록에서 과감히 탈출하여 EU에 편입했고, 이제 유럽의 공장 역할을 톡톡히 해내며 착실히 선진 경제권으로 진입하고 있다.

　우크라이나는 늘 그런 폴란드를 부러워하며 그들과 같은 길을 가고자 했다. 그러나 그들은 자신들이 엮여 있는 러시아와의 오랜 역사적, 문화적 연대의 무거움을 이해하지 못했다. 우크라이나 사태의 발생은 그로부터 비롯되었다. 우크라이나는 러시아와 샴쌍둥이 같은 존재여서 쉽게 분리할 수 없는 운명임도 동시에 알아야 했던 것이다. 샴쌍둥이의 분리는 생명을 건 도박이다. 그런 도박을 하기 전에 충분한 사전 검증과 실험을 통해 보다 정교한 실행 계획을 세워야 했으리라 본다.

미국 시장에서
길을 잃다

미국 시장의 문을 두드리다

'다시 해외로 나가든가 아니면 공장으로 내려가 아무 역할이나 맡으라는 건가……? 이거야 원, 선택의 기로구만…….'

쩝, 입맛을 다시며 나는 중얼거렸다. 머리가 복잡했다.

지금으로부터 10여 년 전, 회사는 새로운 CEO의 취임과 함께 커다란 변혁의 시기를 통과하고 있었다. 영업의 책임자를 모두 해외로 전진 배치한다는 방침에 따라 본사에 있던 모든 임원급을 해외로 발령내버렸던 것이다. 따라서 만 10년 만에 귀임하는 내게 본사 자리가 없어져 버렸다. 어디서 무슨 일을 해야 할지 쉽게 가늠할 수가 없었다. 맥이 빠져버렸다. 갑갑한 상황이었다.

그때 가전사업 본부장이었던 L사장이 나를 불렀다.

"회사에서는 지난 10년간 자네가 보여준 기여도를 높게 평가하고 있네."

"감사합니다."

"그래서 하는 얘긴데……. 자네도 이미 회사 돌아가는 상황은 이해하고 있을 터이고……창원에 근무하면서 청소기 사업을 한번 세계적으로 키워보는 게 어떻겠나? 청소기도 이제 미국 시장에 진출을 해야하는데 좋은 기회가 아닌가?"

비록 창원에 적을 두지만 가장 중요한 시점에 청소기 사업의 미국 진출을 제대로 해보라는 것이었다. 마땅한 자리가 없었던 나는 L사장의 제안에 감사했다. 차제에 공장 경험을 해보는 것도 나쁠 것이 없었고, 실제적으로 청소기를 총괄하는 영업의 연장인 점도 마음에 들었다.

미국 시장 진출은 누구에게나 엄청난 사건이다. 어떤 제품이든 전 세계에서 가장 크고 치열한 시장이기 때문이다. 제대로 된 전략을 세우면 한순간에 시장을 석권하지만, 반대의 경우 나락으로 떨어져버린다. 따라서 미국 시장 진출을 노리는 자는 누구나 젖 먹던 힘까지 짜내야 한다. 그러나 건곤일척의 승부수를 통해 모든 것을 걸고 싸워도 성공은 좀처럼 보장되지 않는 곳이 또 미국 시장이었다.

회사에서는 이번 경우는 다르다고 생각했다. 이미 미국 진출은 3년 전에 정해져 있었다. 치밀한 전략을 세우고 착실히 진행을 해오던 차였다. 우수한 R&D 역량을 가진 연구실장과 연구원들이 밤낮을 가리지 않고 개발에 열중하고 있었다. 생산에서도 백전노장들이 생산라인을 지키고 있어서 후방은 전혀 문제가 되지 않았다. 그야말로 출시를 하고 다른 제품들처럼 시장을 석권만 하면 된다고 자신만만해 했던 것이다. 그래서 영업 법인장 출신으로 실적도 나쁘지 않은 나를 특별히 지명하여 본격적인 드라이브를 걸겠다는 생각이었다.

나로서도 마다할 리 없는 제안이었다. 갑갑한 상황은 일거에 해소되었다. 게다가 미국이라는 최고의 시장도 접할 수 있는 기회였다. 넙죽 절이라도 하고 싶었다.

최악의 실패

가전 사업의 전략에서 제품이 차지하는 비중은 꽹장히 컸다. 적게는 30%, 많게는 70%가 제품에 좌우된다는 말이 있다. 청소기 사업에서도 제품이 차지하는 비중은 최소한 50%는 될 것이다. 그런데 한 가지 불안 요소가 있었다. 내가 청소기 사업을 맡았을 때 미국 시장에 관한 마케팅 전략은 이미 실행이 되고 있던 프로젝트였다. 3년 전에 시장조사를 하여 진입 타깃이 설정되고, 그에 맞는 제품 개발이 완료되어 첫 생산이 진행 중이었다. 즉 가장 중요한 제품 전략에서 나는 철저히 배제된 상태에서 사업을 맡게 된 것이다.

제품에 관해 내가 할 수 있는 일은 없었다. 그러나 이런 점을 입 밖으로 벙긋할 상황은 아니었고, 나 또한 당시에는 이 문제를 그렇게까지 심각하게 생각하지는 않고 있었다.

다행히 우리가 만든 청소기는 탁월한 제품이었다. 애완동물을 많이 기르는 미국의 가정 환경을 고려해서 동물의 털을 잘 흡입하고 압축해주는 기술을 내장했다. 시장의 경쟁 제품들과 비교해 볼 때 탁월한 차별성이었다. 당연히 초기 반응은 아주 뜨거웠다. 우리는 성공의 장밋빛이 선연히 보인다고 생각했다.

그런데 출시한 지 1개월 만에 현장에서 불길한 보고가 올라오기 시작했다.

"대체 뭐가 문제라는 거야?"

"청소기가 너무 크고 무겁다는 지적이 공통적으로 올라오고 있습니다."

제품에 관한 한 자신이 있었던 나는 그 보고를 그리 심각하게 받아들이지 않았다. 사실 우리는 미국 시장에서의 경험이 없었다. 따라서 장기적 관점에서 어떤 식으로 제품 트렌드가 바뀔지에 대한 이해가 없었다. 3년 전에는 새로운 트렌드를 반영한 것이겠지만 이미 시간은 흘렀다. 경쟁사는 이미 새로운 트렌드가 반영된 제품을 출시한 상황이었다. 더구나 그 경쟁사는 청소기 시장을 석권하고 있는 다이슨이었다.

문제는 우리가 초기 대응에 완전히 실패했다는 점이었다. 대다수의 제품은 출시 이후 이런저런 문제들이 발생한다. 그러나 정확한 대처법을 가지고 대응하면 문제는 심각한 국면으로까지는 발전하지 않는다. 우리는 초기에 문제를 경시했다. 우리도 모르는 사이 문제를 급격히 키운 것이다.

더욱 심각한 문제는 경쟁사들의 조직적인 방해 공작이었다. 미국이란 나라는 소비자의 권리가 극도로 보장되는 사회이다. 구매한 제품을 아무 이유 없이 반품해도 돈을 돌려주어야 한다. 그런데 우리 제품은 하루에도 수십 개씩 아무 하자도 없이 반품이 되어 돌아왔다. 그것도 먼지와 흙 등 오물로 가득 차서 100% 손실 처리해야 하는 상태였다. 매번 똑같은 일이 반복되자 우리는 마침내 경쟁사의 조직적인 공작이라는 결론을 내렸다. 안타깝게도 증거를 잡을 수는 없었다.

우리가 치명적 실수를 저지른 영역은 또 있다. 유통이었다. 우리는 이미 세탁기와 냉장고에서 시장을 석권한 바 있었다. 뒤에 진입한 가스 오븐과 전기 오븐 등의 주방용 제품도 선전하고 있었다. 그래서 청소기 유통도 비슷할 것이라는 믿음을 가졌다. 특별한 전략 없이 전국 유통에 겁 없이 진입한 것이다. 유통을 포함한 현지 마케팅 전략 역시 내가 사업을 맡기 전에 결정된 것이었는데, 결론적으로 완전히 실패한 전략이 되고 말았다. 청소기는 대형 가전과는 완전히 다른 유통에서 팔렸고 그 상관행도 달랐다. 무엇보다 경쟁자가 달랐다. 우리는 집중하지 않아야 할 유통에 먼저 진입했고, 시장의 상관행과 경쟁자에 대해서도 완전히 잘못 짚고 있었던 것이다.

결과적으로 우리는 미국 청소기 시장에 진입한 지 3년 만에 실패를 맛보았다. 엄청난 손실을 입고 사업 철수라는 불명예를 안았다. 철수 결정을 내린 것은 내 후임이어서 정확한 사정을 알지는 못한다. 그러나 이것은 내 30년 회사 생활 중에서 가장 쓰라린 패배였다. 비록 내가 전략을 기획하고 진행한 것은 아니었지만, 내 손에 사업이 맡겨졌을 때 나는 그것을 성공이 아닌 실패의 길로 끌고 가 버렸다. 지금 생각해 봐도 정말 어처구니없는 실패였다.

전략 방향의 치명적 오류

사우디에서의 실패는 부당한 음해로부터 비롯된 것이었다. 충분히 억울해하고 항변할 거리가 있었다. 그러나 이번에는 아니었다. 오롯이 나의 태만과 무능이 불러왔다는 자책감을 떨쳐 버릴 수가 없었다.

'하필 그런 식으로 실패를 하다니…….'

비록 그 사업에서 이미 손을 떼고 다른 시장을 맡고 있었던 시기였지만, 나는 실패의 원인을 수없이 복기하고 또 해보았다. 패배는 돌이킬 수 없지만 그로부터 무언가를 배워야 했기 때문이다. 그 결과 나는 몇 가지의 원인을 찾아낼 수 있었다.

먼저 우리는 시장의 트렌드를 제품에 담아내지 못했다. 따라서 소비자로부터 '와우WOW'를 만들어낼 수 없었다. 빠르게 변하는 트렌드 제품을 가지고 시장 진입을 노리는 경우, 시장 조사 시점의 니즈와 출시 시점의 니즈를 명확히 파악해야 한다. 그렇지 않으면 정작 출시 시점에는 완전히 트랙을 벗어난 제품을 출시할 수밖에 없다. 우리의 청소기는 당시 트렌드의 큰 맥이었던 경량화를 무시하고 있었다. 당연한 결과로 소비자의 마음을 얻을 수가 없었다. 신이 아닌 바에야 조사 시점과 출시 시점의 트렌드를 늘 일치시킬 수는 없다. 그렇다면 트렌드에서 살짝 벗어난 이런 제품은 더 좋은 기능과 성능을 강조함으로써 그 한계를 극복해야 했다.

그런데 우리의 더 큰 문제는 그 전략 방향에 있었다. 우리의 목표가 처음부터 시장의 황제인 다이슨을 잡는 것이 돼서는 안 되었다. 우선은 시장에 소프트 랜딩하는 것이 중요했다. 그러려면 철저히 신규 진입자의 자세를 잊어서는 안 된다. 처음부터 다이슨과 맞장을 뜨겠다는 자세로 돌진했던 우리는 분수를 잊은 것이다. 큰 뜻을 갖는 게 좋은 것이 아니냐고 말할 수 있다. 물론 웅지를 가져야 한다. 그러나 그 웅지는 마음속 깊은 곳에 넣어두고 우선은 살아남는 전략을 강구해야 했다. 그것이 현실적 접근이다. 우리는 그런 현실을 외면하고 큰 그림에 너무 집착하고 말았다.

이 오류는 전국 유통에 거의 동시에 진입한다는 어처구니없는 실수의 바탕이 됐다. 신참자는 남들이 잘 진입하지 않는 유통을 찾아 은밀한 진입 전략을 구사해야 한다. 먼저 어느 하나의 유통을 선택하고 거기에 집중한 뒤 우선은 생존해야 한다. 주방용과 거실용품 전용 매장이었던 BBB^{Bed Beth Beyond}만 하더라도 전국에 150점의 유통을 확보한 아주 특별한 가정용품 틈새 시장이었다. 지방에도 일부 진입할 만한 유통이 몇 개 있었다.

그런 틈새 유통을 선택해서 2년 정도 전력을 쏟았다면 분명 결과는 달라졌을 것이다. 이렇게 보면 결국 우리의 실패는 제품의 실패가 아니라 유통 전략의 실패였다. 이것은 내가 철저하게 사전 점검을 하고 필요하다면 전략 수정도 할 수 있었던 부분이었다. 그런데 나는 그것을 놓치고 말았다. 지금 생각해도 이해할 수 없는 일이었다.

결국 우리는 잘못된 전략 방향을 가지고 트렌드를 벗어난 제품으로 세계 최강의 경쟁사에게 전면전을 시도한 것이다. 하룻강아지 범 무서운 줄 모르는 무모한 전략이었다. 결국 다이슨은 아주 간단하게 신참자의 도전 의지를 꺾었다. 미국 청소기 시장의 35%를 점유하고 있는 다이슨이 취할 수 있는 수는 아주 많았다. 그들은 아주 적은 비용으로 우리의 공격을 비웃으며 초반에 박살을 내버렸던 것이다.

오만함에 대한 징벌과 시장의 무서움

회사는 미국 시장 도전을 위해 모든 준비를 마쳐 놓았다고 생각했다. 나 역시 이런 분위기에 편승했던 것이 사실이었다. 저 무의식 끝에서는 모든 것이 완벽하니 살짝 숟가락 하나 얹으면 된다는 가벼운 기분이었는지도 몰랐다. 시장의 무서움은 바로 그 순간에 찾아온다. 우쭐대고 경거망동하는 자에게는 무자비한 징벌을 내린다. 우리도 마찬가지였다. 회사는 막대한 손실을 입었고, 거대한 제품 시장을 잃었다. 개인적으로도 그랬다. 이 실패는 회사 내에서 나의 평판이 무너지는 계기가 되었다. 극진영업의 길을 발견하고 이제 업의 본질에 다가섰다고 생각한 순간, 그처럼 엄청난 실패를 해버렸던 것이다. 내가 걸어야 할 길이 아직도 멀고 까마득하다는 사실이 확연히 증명되었다. 오만함에 대한 시장의 징벌을 통해서 말이다.

모든 준비를 마쳤다고 생각할 때가 사실은 가장 준비가 미흡한 상황이었다. 성공에 대한 미신과 자기 능력에 대한 과신이라는 말 눈가리개를 벗어던지는 진짜 준비 말이다. 그것을 망각한 나는 회사에 큰 누를 끼쳤다. 그러나 회사는 내게 새로운 기회를 주었다. 다시 중동으로 발령을 냈던 것이다. 그처럼 회사는 실행 과정에서 발생하는 실패에는 관대함을 가진 조직이었다. 그러나 나는 나 자신을 쉽게 용서할 수 없었다.

시장의 속살을
헤집어라

시장에 대한 선입견

지피지기면 백전불태. 오늘날 이 말은 매우 식상하게 들린다. 그러나 마케팅의 일선 현장에서 뛰다보면 뼈저리게 느끼는 사실이 있다. 기본을 지키는 일이 세상에서 가장 힘들다는 말처럼, 이 잘 알려진 격언을 실천하는 일도 너무나 어렵다는 사실이다.

태만이든, 실수든, 오류든 우리는 시장의 겉핥기만을 하는 경우가 너무나 많다. 그러면 당연히 제대로 된 공략 방안이 안 나온다. 시장을 공략해야 하는데 그 시장의 특성을 제대로 모른다? 이거야말로 눈먼 사람들의 코끼리 더듬기와 다르지 않은 일이다.

보통 우리가 레바논이라는 나라를 접하게 되는 경우는 언제일까? 대부분 이름만 알아서 레바논이지, 그 나라가 어디에 박혀 있는 나라인지에 대해서는 잘 모를 것이다. 아마도 월드컵 예선 경기 정도가 실제 이미지로 레바논을 접하는 유일한 경우가 아닐까 싶다. 그런데 그렇게 접한 이미지도 엉망이기는 마찬가지다. 위성 중계 기술은 잉글리시 프리미어리그급은 안 되더라도 굴러가는 공조차 제대로 따라가지 못하니 한심하다. 정상적인 패스조차 불가능하게 만드는 잔디는 또 어떤가. 우리나라 공설 운동장 수준의 회색 스탠드와 촌스러운 응원 문화까지 합쳐지면 이미 레바논의 이미지는 회생불가다.

레반트 법인장으로 아주 오랜만에 이 지역에 발 디딘 나 역시 그랬다. 가난하고 각종 분쟁에 찌든 그저 그런 후진국의 하나로 알았다. 게다가 인구 350만의 소국이라 시장이라고 해봐야 별 볼 것도 없는 줄 알았다. 한마디로 레바논 시장에 대한 선입견이 매우 강했다. 그러니 레바논 시장의 이면에 숨겨져 있는 비밀을 쉽게 알아차릴 수 없었던 건 당연했다.

중동 시장 공략을 준비하며 나는 미국에서의 실패를 반복하지 않으리라 다짐하고 있었다. 그러나 시장은 언제나 깊고 어두운 숲과 같다. 자신의 진짜 모습을 쉽게 드러내지 않는다. 나 역시 레바논 시장의 정체를 파악하지 못해 한동안 애를 먹었다.

"레바논은 나라가 아니다!"

레바논 시장에 대해 이해하기 위해서는 먼저 이 나라의 역사를 간략하게 알아야 한다.

레바논은 우리가 잘 아는 명장 한니발의 나라 카르타고를 만든 페니키안의 후손들이 세운 국가다. 페니키안은 영화에도 자주 나오는 갤리선을 최초로 사용한 사람들로 알려져 있다. 이 갤리선을 타고 지중해와 대서양을 누비며 무역을 했다. 그래서 레바논 사람들의 피에는 페니키안의 무역 DNA가 흐르고 있다고 한다. 우리가 세계 3대 상인을 말할 때 중국 상인, 인도 상인, 그리고 중동 상인을 꼽는데, 여기서 말하는 중동 상인의 대표 선수가 바로 레바논인들이다. 그들은 전 세계 주요 상권에 진입하여 세계적으로 부를 축적한 뼛속까지 상인의 혼을 가지고 사는 사람들이다.

그러나 레바논은 카르타고 시절을 빼면 역사의 주역으로 나선 적이 없다. 2000여 년간 지역의 주변부에 위치하면서 중심 권력의 부침에 따라 내부의 주도 세력 역시 끊임없이 바뀌어 왔다. 그 결과 레바논에는 수많은 민족적, 종교적 분파가 존재한다.

특이한 것은 이들이 공존의 지혜를 통해 상생하고 있다는 점이다. 예를 들어 정치는 최다 인구를 가진 이슬람의 수니파가 수상직을 맡고 시아파가 국회의장직, 기독교계에서 대통령을 맡는 식이다. 균형적인 권력 분점이다. 그래서 가끔씩 대통령이 1년 넘게 궐위가 돼도 나라는 문제없이 굴러간다. 이런 레바논을 보면 국가라기보다는 공동체의 연합체라는 표현이 더 어울린다. 부족 국가 연합인 가야제국의 현대판 버전이라고 봐도 틀리지 않을 것 같다.

우리나라의 공기업인 한국전력 역시 레바논 시장을 잘못 파악한 일이 있다. 한전은 전력 사정이 좋지 않은 레바논에서 사업 기회를 노렸다. 그래서 현지의 전기 생산 업체와 운영 계약을 맺었다. 정부를 상대로 하는 사업이다 보니 일관되고 구속력 있는 정부의 약속 이행이 필수였다. 그러나 공동체 연합의 조정 기구에 불과한 정부는 그런 힘이 없었다. 어느 누구도 책임을 지지 않으려 했다. 자신의 출신 공동체에 불리한 일을 하지 않겠다는 공무원만 넘쳐 났다. 한전은 결국 많은 대금을 받지 못하고 철수했다. 이때 한전의 법인장은 이런 말을 남겼다.

"레바논을 하나의 나라로 착각하면 안 됩니다. 그건 나라가 아닙니다."

책임성이 없는 사회 풍토와 분위기는 영업에 나쁜 환경이다. 게다가 이 지역의 정정(政情)은 항상 불안하다. 영업에 더욱 나쁜 환경이다.

레바논 시장의 속사정

그런데 레바논 시장을 접하며 분석하는 가운데 한 가지 특별한 점을 발견했다. 의외로 레바논에는 부유한 사람들이 많고, 사회 전체적으로도 최고급을 지향하는 경향이 뚜렷하다는 점이었다. 여기에는 나름의 이유가 있었다. 전 세계적으로 레바논인은 천만 명에 이른다. 이들은 중동, 아프리카는 물론 남·북미 대륙, 유럽 등 세계 곳곳에 살면서 성공적으로 사업을 운영한다. 그리고 큰돈을 레바논으로 송금한다. 마치 카르타고의 무역 DNA가 부활한 듯한 모습으로 말이다.

레바논의 윤택한 자연 환경도 이런 경향을 부추긴다. 레바논은 천혜의 땅이다. 경기도만 한 땅에 지중해성의 따뜻한 기온과 사계절이 뚜렷한 환경을 갖고 있다. 해외에 사는 레바논인들은 자신들의 노후를 위해 밖에서 번 돈을 송금해 본국에 좋은 집을 사두고, 충분한 자금도 쌓아 둔다. 레바논에서 스키를 탄다고 하면 놀라겠지만 사실이다. 레바논에는 초여름까지 흰 눈이 녹지 않는 해발 3000미터의 산이 있다. 우리도 매년 딜러들을 데리고 레바논 스키 투어에 나서곤 했다. 중동의 많은 부호들의 여름 휴가지는 의외로 레바논이 많다. 이곳에는 종교적 엄격성이 거의 없고 자유로운 유러피언의 낭만이 있기 때문이다.

프랑스의 지배를 받은 문화적 영향과 선천적인 상인 기질은 높은 융통성을 만들어냈다. 이 융통성을 만들어 낸 독특한 양식과 해외로부터 유입되는 자금이 어우러져 레바논인들은 높은 자긍심과 함께 삶을 즐기려는 마인드를 갖게 됐다. 주말마다 파티장으로 몰려드는 선남선녀들을 보며 '인생을 즐기는 것이 저런 건가'라는 느낌을 받곤 했다. 짐작하겠지만 이들은 고급 제품을 선호하고, 항상 전 지구적 관점에서 가장 잘 나가는 브랜드와 제품을 원한다. 모바일은 누가 뭐래도 아이폰이고, 자동차는 메르세데스 벤츠 등 독일차이다. 비산유국에다 이스라엘과의 분쟁에 이은 오랜 내전을 경험한 후진국일 것이라는 선입견에서 탈출하지 않았다면 레바논 시장의 이런 속살은 제대로 보이지 않았을 것이다.

고급 지향의 승부

나는 선입견을 버리고 나서야 레바논 시장의 실체를 알 수 있을 것 같았다.

'이런 고급 지향의 시장에서 고만고만한 물건을 파는 것은 의미가 없다.'

일반적으로 후진국 시장에서 주로 구사하는 중저가 제품 위주의 전략은 완전히 다른 방향으로 전환돼야 했다. 시장이 손짓하며 그 사실을 가르쳐주고 있었다.

우리는 레바논 시장에 대한 새로운 분석을 바탕으로 최고 지향의 고급 마케팅을 펼쳐나갔다. 시내 곳곳에 최고급 숍을 열고 역내에서 가장 높은 급의 제품을 최고가에 내놓았다. 신제품 출시 행사는 한 편의 잘 연출된 작품처럼 꾸며 모든 딜러들을 초청해 개최했다. 마치 스티브 잡스가 아이폰을 출시할 때의 모습처럼 온갖 장치와 소품을 등장시켜 놀라움을 불러일으킨 것이다. 성공한 신제품 론칭을 하고 나면 다른 어떤 시장보다 높은 고급 제품 판매율을 보이는 것은 당연한 일이었다.

우리의 이런 전략 수정이 효과적이었음은 TV 시장에서 벌어진 경쟁사와의 승부를 통해서도 잘 드러났다. LCD TV 시장은 2005년 이후 S사가 세계 시장을 석권해 왔던 것이 일반적인 글로벌 현상이었다. 그러나 우리 회사가 OLED라는 새로운 기술의 TV를 선보이자 시장에서는 파열음이 들려오기 시작했다. 우리가 LCD와는 차원이 다른 OLED TV를 완전히 새로운 고가격대로 포지셔닝하자 최고급 TV 수요층에서 고민에 빠진 것이다. 과연 S사에서는 어떻게 대응할 것인가를 놓고 잠시 기다림의 시간이 있었다.

'이제 시장에서 어떤 일이 벌어질지 흥미롭게 지켜볼 순간이군.'

나는 고요한 시장을 바라보며 그렇게 생각했다. 정중동靜中動. 폭풍전의 침묵이었다. 그러나 나는 자신이 있었다. 차원이 다른 제품과 시장에 걸맞은 마케팅 포지션이 승부의 추를 우리 쪽으로 돌려 놓으리라는 확신이었다.

내 예상은 적중했다. 기다림의 시간은 그리 오래 가지 않았다. S사가 OLED 제품 출시를 사실상 포기하고 LCD TV에 계속 집중하자, 소비자들은 마음을 정했다. 우리의 OLED TV로 급선회를 한 것이다. 물론 이것은 전 세계적인 현상이었는데 그 중 선두 그룹을 형성한 나라 가운데 하나가 바로 레바논이었다. 두바이나 유럽보다도 오히려 먼저

OLED 시장이 붐을 일으켰다. 레바논이 얼마나 고급 마케팅이 잘 통하는 나라인지가 또 다시 증명된 것이다.

우리는 기세를 몰아 레바논 시장을 석권해 나갔다. 초대형 4도어 냉장고, 초대형 건조 겸용 세탁기와 같은 최고급 제품들에 대해 성공적인 마케팅을 전개하여 좋은 성적을 거뒀다. 시장의 특성을 정확히 파악하고 최적의 상품과 광고, 유통 전략을 구사했기에 얻어진 결실이었다. 특히 레바논 시내 중심가에 연 우리 회사의 프리미엄 쇼룸은 그 자체로 레바논인들의 기대를 반영한 걸작이었다. 700평방미터의 공간에 초대형 TV, 초대형 냉장고, 세탁기, 에어컨에서부터 아기자기한 생활가전까지 최고급품을 망라한 이 전시장은 이후에 전개한 중동 아프리카 쇼룸의 전형이 될 정도였다.

시장의 속살을 헤집어라

시장에서 고급 마케팅이 통한다는 것의 의미는 남다르다. 단순히 이익률을 높여준다는 것만이 아니라, 그 이익을 월등히 뛰어넘는 상상력의 가치가 함께 판매되기 때문이다. 그 상상력에는 제품에 대한 환상과 기업의 이미지, 그 제품을 디자인하고 만든 나라의 문화까지 세트로 포장되어 있다. 그렇기에 고급 제품을 제대로, 잘 판매한다는 것은 시장에 미치는 파급력과 지배력의 차원을 달리해주는 요인이 된다. 그렇게 형성된 고급 이미지는 여간해선 깨지지 않으며 그 자체로 거대한 선점의 효과를 불러일으킨다.

레바논에서의 경험을 통해 나는 한 가지 교훈을 얻었다. 프리미엄 마케팅은 시장의 크기와 무관하다는 사실이다. 그러나 무엇보다 큰 가르침은 영업 전략의 수립에 있어서 핵심적인 기반은 과연 무엇인가라는 것이었다. 아무리 객관을 가장하더라도 우리는 대개 자신의 편견 위에서 시장에 대한 분석을 마치는 경우가 많다. 모래 위에 성을 짓는 것이다. 우리가 미국 시장에서 그랬듯이 말이다.

이런 사상누각의 의미는 자명하다. 만약 우리가 레바논 시장에 대한 편견을 바탕으로 중저가 전략에 집중했다면 어떤 일이 벌어졌을까? 프리미엄 시장은 고사하고, 겨우 350만 인구의 중진국 시장에서 형편없는 매출과 이익으로 한탄하고 있었을 것이다. 시장에 대한 안일한 판단으로 일을 그르쳤던 미국에서의 경험도 반복되었을지 모른다.

지피지기는 시장의 속살을 낱낱이 헤집어 내 손 안에 움켜쥐는 것을 의미한다. 전략은 그 속살 위에 세워진다. 이 당연한 가르침을 깊이 새겨야 할 이유를 나는 레바논 시장에서 또 한 번 되찾았다.

아프리카의 인도인, 중동인, 중국인

해외에서 인도 상인을 대표하는 건 신디 상인, 구자라트 상인, 뱅골 상인들이다. 이들은 아프리카에서 이미 몇 세대를 거치면서 거의 인사이더화가 완성된 상태다. 내가 만난 그들 중에는 인도를 전혀 모르는 무늬만 인도인들이 많다. 영국의 구식민지 국가들을 중심으로 막강한 네트워크를 쥐고 있는 그들은 아프리카를 경영하는 최고의 집단이 되었다. 이미 한인들의 경쟁 상대 수준을 훌쩍 뛰어넘은 지 오래다.

중동 상인의 경우, 페니키아인의 후예라는 레바논인과 아라비아 반도의 남부에서 전통적인 아랍 상인의 길을 걸어 온 예멘계 상인, 상술에 특별한 유전 인자를 가진 유태인이 맹활약 하고 있다. 그 중에서 레바논계 상인은 중동 지역을 포함하여 아프리카와 중남미에서 큰 성공을 거두었다. 북아프리카의 대다수 나라에서는 상당한 수의 유태인이 여전히 맹활약을 한다. 그러나 시대의 흐름은 그들의 편이 아니어서 요즘은 그 상대적 지위가 많이 약화되었다.

중국은 과거 동남아를 장악했던 객가계 일색에서 벗어나 최근에는 출신을 불문하고 중국 전역에서 아프리카로 몰려들고 있다. 이들은 가는 곳마다 차이나타운이라 불리는 그들만의 공간을 만들어 주거와 시장 문제를 동시에 해결한다. 누구든 차이나타운에 입주하는 순간 기본적인 영업을 통해 먹고 살 수 있는 환경을 제공받는다.

특징적인 것은 차이나타운이 있는 곳에는 반드시 폭력 조직이 함께 한다는 사실이다. 그런데 이 폭력 조직은 우리가 아는 깡패 집단과는 본질적으로 다르다. 그들은 중국계 상점이나 사업체를 온갖 외부의 압력이나 위협으로부터 보호해준다. 뿐만 아니라 사소한 대정부 업무를 대행하는 등 갖가지 종합 서비스 업무도 담당한다. 폭력 조직이라기보다는 용역 회사에 가까운 기능을 하는 셈이다.

이라크에서
영업의 지혜를 구하다

이라크의 역사를 시장으로 불러내다

2013년 이라크 TV 시장에서 절반에 육박하는 점유율을 달성했을 때, 우리의 새로운 고민은 시작되었다. 어떻게 하면 이런 주도권을 지속적으로 유지해 나갈 것인가라는 고민이었다. 짐작하겠지만 절반의 점유율은 달성하는 것도 어렵지만 지켜 나가기는 더욱 어렵다. 우리는 태스크포스 팀을 구성하여 이 어려운 숙제를 풀어 나가기로 했다.

팀을 맡은 사람은 TV 제품 담당관이었던 C과장이었다. 그는 매우 창의적인 인물로, 길들여지지 않은 야생마 같은 존재였다. 조직 생활을 하면서 좌충우돌하기는 했지만 맡은 일에서만큼은 타의 추종을 불허하는 성과를 내는 친구였다.

"저희 팀이 고민한 결과 한 가지 결론을 도출했습니다. 이 시장에서 통할 전용 TV 브랜드를 개발하자는 것입니다."

"이라크 전용의 TV브랜드를……?"

"그렇습니다. 이라크 소비자들의 일상에 가장 밀접하고 유용한 브랜드를 개발하자는 거죠. 지구상 어디에서도 찾아볼 수 없는, 오직 이라크와 이라크 소비자들만을 위한 특화된 제품. 그런 게 존재한다면 그들은 우리 제품을 자신들의 삶 속으로 깊숙이 받아들이지 않을까요? 그렇게 소비자들의 삶과 혼연일체가 되는 것이 성공을 지속하는 가장 좋은 방법이라고 생각합니다."

그가 이끄는 팀이 생각해낸 아이디어는 그랬다.

'우리와 이라크 소비자들이 순치지세脣齒之勢(입술과 이와 같이 서로 의지하고 돕는 형세)의 관계를 이룩하자는 얘기로군.'

나는 고개를 끄덕였다.

이리하여 문제는 다시 '어떤 브랜드냐'는 것이 되었다. 사실 이것은 브랜드 전략을 구사하는 데 있어서의 기초인 이른바 '가치 제안' 과정이다. 소비자에게 기존에 없던 정서적, 기능적 가치를 제시함으로써, 우리의 브랜드를 완전히 새로운 카테고리의 제품으로 인식시키는 작업이다. 그런데 여러 후보작들이 있었지만 선뜻 우리의 마음을 사로잡는 작품은 건져내지 못했다.

고민의 시간이 흘러갔다. 사실 답은 그리 멀지 않은 곳에 있었다. 지난 경험을 통해 나는 시장에서 답을 구하는 것이야말로 가장 빠른 문제 해결의 방법이라는 걸 알고 있었다. 모든 영업인은 그런 의미에서 '시장주의자'가 돼야 한다. 시장주의자에게 가장 중요한 것은 시장의 주인인 소비자일 수밖에 없다. 그렇다면 이라크 소비자들의 현실은 어떠한가? 바로 그것을 밝혀내는 것이 문제 해결의 요체였다.

멀게는 이란과의 전쟁, 가깝게는 미국과의 두 차례 전쟁으로 이라크인들의 삶은 쑥대밭이 되고 자존감은 땅에 떨어져 있었다. 그러나 이라크인들이 어떤 사람들인가? 인류 문명의 요람인 수메르, 바빌로니아 문명의 후예들이다. 티그리스-유프라테스 문명의 적자들이다. 겉으로는 치욕과 울분을 견디고 있지만 내면적으로는 옛 영광에 대한 자부심과 그것을 재연하겠다는 욕망으로 가득한 사람들이었다. 이런 그들의 정서에 부합하는 길은 고대 역사의 영광을 오늘의 시장으로 불러내는 방법이었다. '바벨 TV'의 탄생은 그렇게 이루어졌다.

TV 사업에서 목표를 실현하다

우리는 이라크 소비자들에게 제공할 기능적 가치에 대한 준비에도 소홀하지 않았다. 우리는 그들이 가장 선호하는 기능이 무엇인지를 조사했다. 이미 과거에 개발이 되었지만 이제는 별로 사용되지 않는 타임머신 기능이었다. 원가 부담은 조금 있었지만, 그 사이 국제 메모리 가격이 많이 낮아져 부담이 생각보다 크지는 않았다. 우리는 새로운 기능을 넣고, 기존 TV보다 조금 더 비싼 가격을 설정하여 비용 인상 요인을 해소했다.

그 뒤에 펼쳐진 건 전방위적인 대소비자 커뮤니케이션이었다. TV 광고는 물론이고 언론사 기자들과 전국의 딜러들을 초청한 신제품 론칭 이벤트를 진행했고, 아웃도어 광고물도 대대적으로 설치했다.

이라크라는 나라에서 인터넷으로 홍보나 광고를 한다면 사람들은 의아해 할 것이다. 그러나 이라크에 우리의 페이스북 팬이 250만 명을 넘을 뿐만 아니라 가장 효율적인 대소비자 소통 수단임을 안다면 독자들은 놀랄 것이다. 쇼핑몰이 바그다드와 **아르빌에 존재한다는 것을 안**다면 더욱 놀라겠지만 이들 지역에는 최신식 **쇼핑몰이 버젓이** 영업을 한다. 우리는 이곳에서 방문객을 대상으로 실연을 함으로써 브랜드 인지도를 더욱 높였다.

이처럼 우리는 소통 가능한 모든 채널을 활용하여 새로운 브랜드를 알렸다. 결과는 대성공이었다. 전년 대비 20%가 넘는 매출 신장이 이뤄졌고, 훨씬 더 큰 규모의 흑자를 기록한 것이다. 시장 점유율도 절반을 훌쩍 넘어섰다. 2위 브랜드와는 더블 스코어로 점유율의 차이를 더 벌렸다. 시장의 주도권을 지속적으로 가져가겠다는 우리의 목표가 실현된 것이다.

그러나 우리는 만족하지 않았다. 우리는 매년 중반경이면 다음 연도를 위한 바벨 TV 개발 태스크를 사업부와 공동으로 진행했다. 이를 통해 바벨 TV 2, 3이 연속적으로 출시되었고, 매출과 수익성을 동시에 거머쥘 수 있었다. 2014년 IS의 갑작스런 준동이 아니었다면 우리의 성공이 어느 수준까지 올랐을지 나로서도 궁금할 정도였다.

물론 내전 속에서도 바벨 TV의 인기는 여전했다. 내전 상황이 거의 정리되어가는 2017년 이후로 바벨 TV가 다시 시장을 석권하는 것만 봐도 한번 받아들인 브랜드에 대한 소비자의 충성도가 여전하다는 것을 알 수 있다. 소비자의 정서와 삶에 밀착하려 한 전략의 승리였다. 나는 이때의 경험을 통하여 브랜드 전략의 성공과 실패를 가르는 핵심 역시 시장에 있다는 사실을 깨달았다. 시장주의자로서의 내 원칙이 옳았던 것이다.

'수메르'란 이름의 지니

세탁기 사업도 TV 사업과 비슷한 흐름으로 전개되었다. 이라크는 한국보다 더욱 가혹한 황사가 있는 곳이다. 모래폭풍이 심한 날은 짙은 황사 속에서 몇 미터의 지척도 분간이 가지 않을 정도이다. 그뿐만이 아니다. 겨울철에 비가 오기 시작하면 하루 종일 억수처럼 쏟아진다. 온 세상이 홍수에 잠기는 수준이다. 그러나 아무도 이런 시장 환경을 제대로 파악한 사람은 없었다. 그냥 다른 시장에서 팔리는 범용 세탁기만 팔고 있었던 것이다.

"TV도 성공하는데, 세탁기라고 그러지 말란 법이 어디에 있나!"

이라크 시장을 담당하고 있는 우리 모두가 동의하는 새로운 과제는 바로 그것이었다.

우리는 이라크가 가지는 환경적 특성을 가지고 TV와 동일한 고민을 했다. 가전 제품 담당관인 Y부장을 책임자로 한 세탁기 태스크팀도 그렇게 발족됐다. 황사와 겨울철 폭우, 그리고 대가족이라는 시장 환경적 특성을 고려해서 새로운 브랜드의 제품을 개발하기로 한 것이다. 대용량에 급속 세탁과 급속 건조 기능을 가진 수메르 세탁기는 바로 그렇게 탄생했다. 수메르란 이름 역시 이라크의 역사에서 불러낸 '지니(아라비안나이트에 나오는 램프 속의 거인 이름)'였다. 다행히 본사에서 그런 개념의 세탁기를 부분적으로 개발 완료한 상태라 우리는 브랜드 개발 작업에 큰 도움을 받았다.

마침내 1년 반의 시간이 걸려 제품 개발이 완료되었다. 우리는 개발 기간에 맞추어 현지에서 준비한 맞춤형 마케팅을 본격적으로 전개했다. 이때 앞서 성공한 바벨 TV의 성공적인 론칭을 철저히 벤치마킹

했다. 이라크 최초로 사용자들의 실사용 모습을 증강현실(AR) 기술을 활용해 대규모 쇼핑몰에서 실연했다. 수만 명의 소비자들을 대상으로 한 이 행사는 수메르 세탁기의 인지도를 올리는 데 크게 기여했다.

이라크 최고급 세탁기 시장은 이렇게 하여 우리 회사가 석권하게 되었다. 이전에 존재하지 않았던 시장이 만들어진 것이다. 새로운 마케팅 브랜드인 수메르란 이름을 달고, 소비자들이 가장 갖고 싶은 세탁기로 우뚝 서게 되었다.

트렌드의 향방을 예측하라!

그런데 우리는 여기서 한 가지 실수를 범했다. 변화하는 이라크 세탁기 시장의 트렌드를 온전히 파악하지 못했던 것이다. 이것은 먼저 경쟁사의 시장 공략에서 시작되었다. 이들은 훨씬 더 손쉬운 방식으로 시장에 접근했다. 고급 대형 드럼 시장은 우리에게 내주는 대신 중저가 수직형 세탁기 시장을 집중적으로 파고든 것이다.

실제로 이라크 시장은 여전히 중저가 제품이 주력으로 팔리고 있었다. 또 이라크 시장 자체가 원래 수직형 세탁기가 팔리던 곳이었기 때문에 낮은 가격에 산뜻한 디자인을 채용한 경쟁사의 제품이 금세 인기를 끌 수 있었다. 마침 국제 유가가 급락했고, 내전은 더욱 가열되고 있는 상황이었다. 저가 세탁기의 수요가 더욱 늘어나는 추세였다. 경쟁사의 전략은 시장에 먹혔고, 우리는 순식간에 수직형 세탁기 시장을 내주고 말았다. 우리는 이 시장을 탈환하기 위해 2016년부터 본격적으로 중급과 고급 시장용 수직형 제품을 개발했다. 현재는 시장을 상당 부분 탈환하여 거의 양분하는 수준으로 가고 있다.

우리는 시장의 수요 예측에 대한 깊이 있는 판단을 하지 못했다. 그로써 중저가 세탁기라는 큰 시장을 무주공산으로 남겨두는 전략적 실수를 저지르고 말았다. 수메르 세탁기라는 지니를 불러낸 것은 좋았지만, 시장의 트렌드를 온전히 파악하지는 못했던 것이다. 시장을 읽지 못한 이 실책으로 우리는 대가를 치러야 했다. 다행히 심각한 수준은 아니었지만, 우리는 시장의 수요가 어디로 흘러가는지에 대한 트렌드 읽기가 매우 중요하다는 교훈을 재삼 느낄 수 있었다.

시간 속의 금자탑

나는 인간이 얼마나 환경에 잘 적응하는지를 눈으로 수없이 확인했다. 온갖 폭력과 전쟁이 할퀴고 지나간 마을도 짧으면 며칠, 길어도 이삼 개월이 지나면 안정을 취한다. 예로부터 온갖 외환·내우 속에서 억척스럽게 살아온 우리 민족 역시 마찬가지였다. 고통스런 날도 오래되면 그 속에서 물리적, 생리적, 정서적으로 안정을 본능적으로 찾게 되는 법이다. 곧 적응이 시작된다는 것이다.

아무리 전쟁이 진행되고 테러가 기승을 부리는 땅이지만 여전히 이라크에는 3000만이 넘는 인구가 일상적 삶을 유지하고 있다. 그들은 기초적인 생필품이 필요하던 급박한 시기를 지나 이제 보다 높은 문화적 욕구를 충족시키려는 욕망을 품기 시작했다. 문화적 소비가 늘어나고 있는 것이다. 삶을 발전시키려는 욕망과 의지는 그토록 강하다.

언젠가 수천 년의 모래바람을 견뎌낸 수메르의 유적지를 방문한 일이 있었다.

"수천 년 전에는 이곳이 푸른 다뉴브강처럼 물결이 넘실대던 곳이었단 말이지?"

"저기 담벼락에 남은 역청 자국 좀 봐."

섭씨 60도에 가까운 찜통더위를 뚫고 우리 일행은 아브라함의 출생지인 우르를 방문했었다. 이미 강물은 끊긴 지 오래고 기름진 농경지는 사막화가 완성되어 있었다. 무너진 담벼락에 칠해졌던 검은 역청 자국만이 세월을 건너, 옛사람이 영위했던 삶의 흔적을 고스란히 내보이고 있었다. 전쟁의 참화에 고통 받는 현실의 이라크와 옛 영광의 흔적들이 극적으로 교차하는 지점에 나는 서 있었다. 기묘했다.

'영원히 존재하는 금자탑은 없으며 미래의 금자탑은 바로 오늘의 현실을 통해 쌓아간다는 걸 알려주는 건가……'

광활한 역사의 시각으로 물러나서 그렇게 정리를 하자, 나는 조금씩 해답을 찾아가는 느낌이었다.

우리는 인생에서든, 영업에서든 누구나 빛나는 금자탑을 쌓으려한다. 그러나 영원히 존재하는 금자탑은 없다. 쌓아놓은 것은 허물어질 뿐이며 영원히 쌓고자 하는 과정만이 남는다. 오늘 이라크의 현실이 또다른 역사가 되고, 미래의 영광을 위한 밑거름이 되는 것처럼.

내 영업은 무엇인가, 또 그것에 전부를 건 인생은 무엇인가. 그 역시 완성이 아니라 과정이었다. 발전을 향한 욕망과 의지로 뒷받침된 끊이지 않는 과정. 완성에 대한 집착이 일을 그르치는 첩경이었다. 온갖 편법과 무리수를 덧붙여 금자탑을 완성한들, 남는 건 허물어질 운명뿐이다. 그러나 우리가 과정 속에 놓여 있다면 그렇지 않을 것이다. 그때 우리의 현실은 묵묵히 그리고 단단하게 한 조각의 돌을 쌓는 성실함 외에는 아무 것도 아니기 때문이다.

'욕심을 버리자. 나날이 새로워지기 위해 오늘의 돌 한 조각에 운명을 걸자. 허물어질 것을 쌓지 말고, 쌓아가는 과정에 전념하다가 내 생애에 이루지 못하면 후손에 넘기는 것. 시간 속의 금자탑을 허물어질 운명이 아니라 영원한 미완의 기대 속에 남겨두는 것보다 강력한 미래 전략이 어디에 있겠는가.'

영광과 폐허, 미래의 기대가 교차하는 이라크의 사막에서 나는 그런 깨달음을 얻고 있었다.

이라크 사업이 선사한 선물 리스트

약 7000여 년 전에 인류가 최초로 문화를 건설한 곳인 수메르 유적지 우르는 이제 강줄기가 바뀌고, 불어온 모래바람에 파묻혀 사막 한가운데서 뜨겁게 녹아내리고 있었다. 이라크 정부가 새로 복원한 지구라트(나사바퀴 식으로 올려놓은 지구대)만이 멀리서 보일 뿐, 실제 유적지 대부분은 여전히 사막 속에 묻혀 있었다. 수메르 유적지에서 첫눈에 띈 것은 자연 방수제로 알려진 역청 자국이 모든 벽에 선명하게 남아 있다는 사실이었다. 수메르인들은 1500킬로미터 떨어진 사해의 역청으로 담을 쌓아 홍수에 대비했고, 그 위에 레바논에서 가져온 삼나무로 화려한 귀족들의 집을 지었다. 인류 최초의 문명은 그렇듯 우리 앞에 홀연히 나타났다.

유프라테스강과 티그리스강이 만나는 땅위에서 왜 최초의 문명이 나타났을까? 그것은 아마 1만 년 전 빙하기가 끝나면서 지구상에서 가장 따뜻한 곳이었던 그곳이 농경을 하기에 가장 적합했기 때문이었을 것이다.

수메르 유적지에서 300여 킬로미터 북쪽으로 올라가면 유프라테스 강가에 바빌론 유적지가 나온다. 유적지에는 인류 최초의 성문법을 완성한 함무라비 왕의 석상이 우리들의 방문을 환영하고 있었다. 바빌론을 상징하는 사자가 적병을 올라타고 잡아먹는 석상도 인상적이지만, 무엇보다 벽돌로 쌓은 벽에 양각으로 정교하게 조각한 동물신들의 모습은 진정한 예술이었다. 시간이 없어서 골고루 다 둘러보지는 못했지만 수천 년 전의 문명을 이렇게 직접 확인하고 손으로 만져 본다는 감동은 특별했다.

그뿐이 아니다. 이라크에는 다른 나라에서는 찾아 볼 수 없는 특별한 성전이 몇 개 있다. 이슬람 시아파의 시조인 예언자 모하메드의 사위이자 사촌인 알 리가 묻혀 있는 성지가 나자프에 있고, 그의 아들 후세인이 묻혀 있는 성지는 카라발라에 있다. 이곳은 시아파 교도가 아니면 들어갈 없는 곳이지만 거래선의 배려로 그 성전에 들어가 볼 기회가 있었다. 영롱한 수정이 모든 벽과 천장에 빼곡하게 박혀서 황홀하게 반짝거리고 있었다.

이 얼마나 풍성한 보상인가. 이라크란 험한 땅에서 사업을 하면서 받는 최고의 선물 리스트는 이 같은 인류의 보고寶庫를 방문하는 일이었다. 그런 고고학적 장소와 종교적 성소를 방문하는 특혜를 누릴 수 있는 것만으로도 정말 특별한 선물이었다.

세상에서 가장 강력한
성공의 방식

전쟁 속의 광고판

2차 걸프전이 일어나고 얼마 후, 바그다드의 어느 시장을 배경으로 CNN 특파원이 현장 뉴스를 진행하고 있었다. 우연히 그 뉴스를 시청하게 된 나는 TV 속 한 장면에서 눈을 뗄 수가 없었다. 전쟁 현황을 보고 있는 건 아니었다. 특파원의 뒤쪽에 보이는 전자 상가, 더 정확히는 온통 우리 회사의 로고로 뒤덮인 광고판이었다. 뿌듯함인지 처연함인지 알 수 없는 감정이 밀려들었다.

그랬다. 우리는 거기에 있었다. 이 세상 어느 곳이든 시장이 있는 곳이라면 가지 않은 곳이 없었다. 자연재해가 있는 곳이건 전쟁의 위기가 있는 곳이건 상관이 없었다. 언제, 어디라도 소비자가 있는 곳이면 무조건 달려갔다. 지금 그 사실이 CNN 뉴스를 통해 고스란히 전파를 타고 있었던 것이다.

실제로 우리는 이라크, 시리아, 팔레스타인, 리비아, 나이지리아, 우크라이나 등 거의 모든 분쟁 지역에서 시장을 석권하고 있다. 시장 점유율이 50~60%를 오르내린다. 아이러니하게도 이 모든 나라들이 내가 법인장이나 지사장으로 직접 경영하던 시장이었다.

한 번 선점자가 되면 그 이점을 오래도록 누릴 수 있다. 그러나 경쟁자들은 한 기업이 그런 즐거움을 오랫동안 누리도록 결코 방치하지 않는다. 그래서 선점한 지역을 유지하기 위해서는 특별한 지속 전략이 필요하다. 그것도 10년 이상을 유지하려면 남들은 도저히 흉내 낼 수 없는 특별함이 필요하다.

그렇다면 대체 우리의 특별함이란 무엇일까? 우리 회사가 유독 정치적 격변과 분쟁이 있는 곳에서 승승장구하며 시장을 석권하는 이유는?

IS와 우리가 닮은 점, 다른 점

현상적으로 보면 우리가 강한 몇 가지 이유를 쉽게 찾아낼 수 있다. 우선 우리는 남보다 앞서 이 시장에 진입했다. 남들이 신경도 쓰지 않던 30여 년 전부터 우리는 이라크와 시리아 시장을 넘나들며 사업의 끈을 이어왔다. 두 번째로는 20여 년간 계속되어온 현지 사무소 운영을 꼽을 수 있다. 그를 통해 꾸준히 시장 정보를 얻고 판매 활동을 전개해왔다. 이처럼 현장 경영의 연륜이 쌓이면서 우리는 소비자가 신뢰하는 브랜드로 자리 잡았다. 이밖에도 우리는 현지에 대한 투자를 지속적으로 확대하고, 제품 서비스에도 남보다 몇 배의 노력을 기울였다.

이 모든 것들이 우리의 강점이다. 이것은 곧바로 점유율의 신장과 안정적 유지로 이어졌다. 그렇다면 이런 요인들만으로 우리가 강한 이유를 다 설명할 수 있을까? 그렇지 않다. 더 깊숙한 곳에 진짜 중요한 이유가 자리하고 있기 때문이다.

IS가 기승을 부리던 시절 우리 법인의 누군가가 이렇게 말했다.

"IS와 우리 회사는 묘하게 닮은 점이 있어요. 우선 IS와 우리는 이라크와 시리아에서 강하다는 공통점이 있어요. IS는 두 나라에서 정부보다 더 큰 땅을 지배한 적이 있고, 우리 회사는 두 시장에서 50%가 넘는 점유율을 가지고 있으니까……."

곱씹어보니 꽤 참신한 분석이었다. 그의 분석은 계속되었다.

두 번째로 닮은 점은 둘 다 막강한 적을 상대로 약자의 전쟁 방식인 게릴라전을 편다는 사실이라고 했다. 그렇지만 IS는 거대한 땅을 갖게 되면서 전면전으로 전환했다. 우리 역시 이 시장에서만큼은 정공법을 택하고 있다. 셋째, 둘 다 막강한 자원을 보유하고 공중전에 강한 적을 상대하고 있다. IS의 적인 외국 지원군은 주로 공군에 의존한 폭격을 사용하고, 우리의 경쟁사 또한 막대한 광고 자원을 시도 때도 없이 시장에 퍼부어대고 있다. 그러나 이런 상황 속에서도 IS와 우리는 영토의 실 지배자로 군림하고 있다.

그랬다. 우리는 땅의 지배자였다. 그러나 이 지점부터 IS와 우리는 갈라지기 시작한다. 지금 IS는 붕괴 위험에 직면하고 있다. 이와 반대로 우리는 숱한 어려움 속에서도 지배자의 지위를 여전히 유지한다. 오히려 이 지위는 앞으로 더욱 공고해질 전망이다.

그렇다면 IS와 우리의 처지는 왜 달라지게 되었을까? 무엇보다 그것은 국민(소비자)의 마음과 직결돼 있다. IS는 도덕적으로 타락하여 주민들의 지지를 잃어버렸다. 그러나 우리는 소비자들의 막강한 지지와 지원 속에 나날이 사랑받는 브랜드로 성장했다. 결국 국민(소비자)의 마음을 얻었느냐 아니냐가 몰락과 상승의 분기점이 된 것이다.

우리가 분쟁 지역 시장에서 가장 강한 이유는 바로 그것이었다. 우리는 그 어떤 경우에도 소비자를 버리지 않았다. 그들의 고통과 아픔에 공감하며, 그들의 마음속에서 살기를 자처했다. 그것이 우리의 특별함이었다. 그러자 그들도 우리에게 마음을 내주고 친구와 같은 존재로 받아들여주었다. 우리의 진정성을 인정했던 것이다.

사라진 김군을 찾아라

이런 우리의 특별함이 잘 드러난 곳이 바로 시리아이다. 모두가 알다시피 이곳에서는 악화된 내전으로 인해 20만 명이 넘는 사상자와 수백만의 난민이 발생했다. 그러자 한국 정부는 모든 한국인에 대한 소개령을 내렸다. 이미 모든 기업들이 사업을 접고 사무실을 폐쇄했다. 그러나 시장의 선점자로서 기나긴 세월 시리아와 함께 해온 우리는 그럴 수 없었다. 우리가 고심 끝에 내린 결정은 한국인은 떠나되 지점은 그대로 유지한다는 것이었다. 현지 직원을 중심으로 고객들을 지속적으로 관리해 나가기로 한 것이다.

그러나 이 결정은 제대로 지켜지지 않았다. 우리 스스로 그것을 어겼기 때문이다. 당시 우리는 요르단 암만으로의 철수 이후에도 한국 정부에 시리아 방문을 허가해 줄 것을 줄기차게 요청했다. 그러나 정부는 요지부동이었다. 만약 사고라도 나면 자신들이 전적으로 책임을 져야 했기 때문이다. 그렇게 고심이 깊어가던 무렵, 요르단을 방문한 전직 정부 고위 관료를 개인적으로 만나게 되었다. 그에게 우리의 고충을 얘기했더니 그는 이렇게 말했다.

"한국과 시리아는 원래 국교가 없잖아요. 그러니 들어가서 아무 사고도 생기지 않는다면 무슨 문제가 있겠어요?"

나는 그 말에 용기를 얻었다.

우리는 사전에 치밀한 준비를 하고 레바논을 통해 시리아로 입국했다. 무장한 차량과 10여 명의 무장 경호원을 대동하고서였다. 한 시간 만에 도착한 다마스쿠스는 평화로웠다. 내전을 치르고 있는 도시로는 전혀 보이지 않을 정도였다. 설레는 마음으로 지점의 문을 열자 직원들의 눈이 휘둥그레졌다.

"와아!"

모두들 경악하다가 이내 함성을 질렀다. 상상도 못한 현장 방문을 감행하며 자신들의 눈앞에 나타난 리더에게 큰 감동을 받은 것이다.

그 뒤로 나의 잠행은 분기 1회의 빈도로 되풀이되었다. 물론 위험한 순간이 없었던 건 아니었다. 우리가 머물던 식당에서 자리를 뜨자 테러 폭발이 있기도 했고, 서비스 활동을 하던 직원들이 납치되는 희생도 있었다. 바로 옆집에 떨어진 폭격으로 구사일생의 순간을 지난 적도 있었다. 그러나 나는 나의 '암약'을 멈출 생각은 하지 않았다.

불행히도 이 비밀 방문은 IS에 합류한 고등학생 김군 사건으로 막을 내리고 말았다. 미국 정부는 시리아에 잠입한 한국인 리스트를 국정원에 넘겼는데, 우리 회사의 시리아 입국자가 고스란히 명단에 오른 것이다. 그 덕에 나와 직원들은 입건됐고 결국 벌금형에 처해지고 말았다. 정부보다 훨씬 더 국위선양을 해온 우리가 범법자가 된 것이다. 그러나 나는 이것을 하나의 훈장처럼 생각하고 있다.

아이러니한 사실은 그 김군의 소재를 확인한 것은 국정원도 아니고 인터폴도 아닌 우리 회사였다는 사실이다. 우리의 시리아 내 서비스 네트워크에서 일을 하던 직원이 하나 있었다. 그는 IS 조직원과 친밀한 관계였고, 그를 통해 한국인 학생 한 명이 합류를 해서 훈련을 받고 있다는 정보를 알게 된 것이다. 안 그래도 미수교국인 시리아에 정보 루트가 없었던 국정원은 반색을 했고, 그 다음날 이 사실은 신문에 대문짝만 하게 실렸다.

김군은 찾았지만 그를 구출하지는 못했다. 우리 직원은 그런 일까지 할 수 있는 전문 요원은 아니었기 때문이다.

세상이 두 쪽 나도 소비자는 버리지 않는다

이처럼 시리아와의 끈을 놓지 않으며 우리가 벌였던 활동은 다양했다. 먼저 우리는 활동의 방향을 재정립했다. 내전이 격화되는 상황에서 우리 제품을 광고하는 것은 오히려 소비자의 반감을 불러일으킬 우려가 있었다. 우리는 지점 활동을 소비자의 불편을 최소화하기 위한 것으로 제한했다. 이와 동시에 내전으로 찢긴 소비자들의 마음을 안으려는 활동을 강화했다.

난민 보호소를 중심으로 구호 활동을 전개한 건 그런 활동의 일환이었다. 담요를 수만 장 구매하여 난민 대피소로 보냈다. 이 빨간색 담요는 보온 효과가 좋아 난민들에게 큰 인기를 끌었다. 이어서 우리는 난민용 생활용품 키트를 수만 개씩 구매하여 시리아로 보냈다. 비누, 치약, 샴푸 등이 들어 있는 이 키트에 대한 반응은 너무 폭발적이어서 수십만 달러의 추가 비용을 쏟아 부어야 할 정도였다.

이 무렵엔 유엔 등을 포함한 국제기구의 지원도 밀려 들어와 어느 정도 긴급한 수요가 충족되었다. 이것을 확인한 후에 우리는 새로운 활동을 준비했다. 난민 캠프에 있는 어린이들에 대한 교육 프로그램을 지원한 것이다. 각 난민 캠프에 유치원을 설립하고 학용품을 구입하여 책가방과 함께 지원했다. 또한 10여 개의 난민학교를 운영하고, 시리아 민영 방송국과 협의하여 고교생 장학퀴즈 프로그램을 실행하기도 했다. 절망에 빠진 국민들에게 '교육을 통해 시리아를 재건한다'는 꿈을 주기 위해서였다.

이처럼 우리는 고난에 빠진 시리아 소비자들과 하나가 되기 위한 활동을 지속적으로 벌여나갔다. 이에 대해 시리아 소비자들도 보답하기 시작했다. 시장은 내전 이전보다 절반 이하 수준으로 줄어들었고 우리의 매출도 크게 감소했다. 그러나 이런 활동의 결과 우리의 시장 점유율은 거의 70%를 기록할 만큼 치솟았던 것이다. 현재 우리 브랜드는 정부 측이든 반군 측이든 누구나 인정하는 국민 브랜드가 되었다. 언젠가 끝날 내전 이후의 상황이 기대되는 수치였다.

'언제나 소비자' 정신

2015년 1월, 중동-아프리카 마케팅 컨퍼런스가 포르투갈의 카스카이스 해변 도시에서 진행되었다. 이 행사는 중동, 아프리카에서 활동 중인 20여 개의 법인과 지점, 그리고 300여 명의 주요 거래선이 참여하는 대규모 연례 행사였다. 우리 법인은 '포연 속에 핀 꽃'이라는 주제로 시리아에서 우리가 경험했던 주요 활동과 결과를 발표했다.

각 사업체의 발표가 모두 끝난 뒤 우리 시리아팀은 모범 사례로 최우수상을 받았다. 시리아에서 사선을 뚫고 고난의 마케팅과 구호 활동을 벌인 우리 팀은 눈물을 펑펑 쏟았다. 컨퍼런스의 참석자 모두가 기립해서 우레와 같은 박수를 보냈다.

그 어떤 상황에서도 우리에게는 지켜야 할 가치가 있었고, 진정성은 언제나 소비자를 감동시켰다. 시장의 강자가 되고 싶은가? 그러면 소비자의 마음을 얻어라. 지속적으로 시장의 강자가 되고 싶은가? 그러면 소비자의 마음을 얻어라. 세상에서 가장 강력한 성공 방정식은 그렇게 소비자의 마음을 얻는 일이다. 우리는 어떤 경우에도 소비자를 포기하지 않는다는 사실을 보여줌으로써 그것을 실증해냈다. 소비자의 지지와 공감을 얻는 것이야말로 우리가 추구한 핵심 전략이었다.

시리아에서의 활동 속에서 마침내 나는 내가 추구하던 업의 비밀을 얻은 기분이었다. 그것은 한마디로 '언제나 소비자' 정신이었다. 전략을 짜고, 브랜드를 만들고, 판매를 실행하는 모든 일의 시작과 끝은 바로 소비자였다. 나아가 그들은 물이요, 우리는 물고기였다. 아니 그들이 물고기요, 우리가 물이었다. 우리가 제공하는 가치의 바다 속에서 그들의 삶이 등 푸른 생선처럼 싱싱하게 펄떡이는 모습. 그것이야말로 내가 추구했던 영업의 본질이었다.

나는 그것을 세상에서 가장 낮은 시장에서 구했다. 폭력에 찌들고 생존 욕구로 버둥거리는 가장 비참한 환경 속의 소비자들 속에서 말이다. 영업은 이윤을 추구하는 '이코노믹 애니멀'의 촉수가 아니었다. 진정으로 소비자의 삶을 이해하고 그들의 체취까지 사랑하는, 그럼으로써 그들의 삶을 더 나은 가치의 세계로 인도하는 안내자였다. 바로 그 역할을 인생의 업으로 자임하며 최선을 다하는 사람. 내가 걸었고 걸어가야 할 길을 관통하고 있던 영업의 '비밀'은 바로 그것이었다.

시리아 고통의 역사

시리아는 1970년 이후 아사드 가문에 의해 장기 독재의 길을 걸어오고 있다. 아버지 하페즈 아사드는 2000년에 자연사했다. 그러자 그의 큰아들 바사르 아사드가 대를 이어 집권을 했고, 5년여간의 개방 정책이 나름 성과를 거두면서 서서히 은둔에서 벗어나고 있었다. 바로 그 즈음 '아랍의 봄'을 맞이했다.

비폭력 시위대에 총격을 가해 수백 명이 살상된 것이 시리아 비극의 시작이었다. 군부를 장악하고 있던 바사르의 친동생 마헤르 장군이 평화적 시위대를 향해 군대를 동원했고 급기야는 총격을 가해 유혈 진압을 시도했던 것이다. 이 순간을 기점으로 평화 시위군은 무장 반군으로 재조직된다. 서방은 시위대 출신의 반군이 주축이 된 자유시리아군Free Syria Army을 열렬히 지원했다. 그러나 당초 비군인 출신인 이들이 무력 투쟁에서 정부군에 우위를 보이기는 어려웠다. 어수선한 내전 분위기 속에 여기저기서 반군이 조직되었는데, 그 중에는 극렬 이슬람 근본주의 무장 단체인 알 누스라도 있었다.

나중에 다에시가 이라크 북서부를 점령하고 시리아로 세력을 확장하는 과정에서 알 누스라는 다에시에 병합된다. 시리아에서 발생한 대다수의 대량 살해는 알 누스라와 다에시의 짓이다. 아사드 정부와 다에시 양측은 이 비극에 대해 책임을 져야 한다.

최근 이라크 모술 지역이 정부군에 의해 수복되어 가고 있고, 시리아에 있는 다에시의 수도 락카는 정부군과 러시아군의 폭격으로 거의 궤멸 상태로 가고 있다. 이 추세라면 2014년 이후 계속된 다에시의 발흥은 곧 종말을 고할 것으로 보인다. 그러나 근원적으로 문제가 해결되지 않은 이상 지하로 숨어든 근본주의자들은 언제든 다양한 얼굴로 되살아날 것이다. 경제적 시련과 그 고통을 억누르고 있는 독재 정치가 남아 있는 한 근본주의자들의 준동은 결코 사그라지지 않을 것이기 때문이다.

Stage
3

대기업에서
임원으로 산다는 것

남이 하지 않아야
내가 성공한다

아프리카로 오겠다던 C군

지난 몇 년간 우리들이 아프리카에서 일궈낸 성공은 이 지역에 대한 회사의 인식을 근본적으로 변화시켰다. 생각만큼 아프리카가 '검은 대륙'은 아니라는 사실을 깨닫게 된 것이다. 서아프리카로 오겠다는 사람이 생기고 있었고, 법인에서 현지 채용하는 한국인도 훨씬 많아졌다.

아프리카로 오겠다고 자원한 사람 중에 C가 있었다. 개인적으로 대학 후배이기도 했던 그는 한마디로 똑 부러지는 성격의 소유자였다. 무슨 일이든 자신의 일을 완벽하게 해냈다. 청소기 사업을 담당하던 그는 중동, 아프리카 시장을 상대로 자신에게 할당된 목표를 초과 달성할 만큼 열정적으로 일하는 친구였다.

어느 날 그가 나이지리아로 출장을 왔다. 하루 종일 사무실에서 상담을 하고 시장을 둘러보는 등 바쁜 하루를 보낸 뒤 저녁을 먹는 자리에서였다. 그는 대뜸 내 손을 잡았다.

"저를 아프리카로 불러주십시오. 법인장님이 이룩한 성취를 저도 이곳에서 재연해 보고 싶습니다."

나는 진정으로 감동했다. 아프리카로 오겠다는 사람이 여전히 귀한 시절이었다. 나는 그의 손을 마주잡으며 몇 번이고 고맙다는 말을 되풀이했다.

그를 당장 부를 수는 없었다. 내가 다른 법인으로 옮기기 전에 귀국하는 직원이 없었던 것이다. 그러나 후임 법인장에게 인수인계를 하면서 대체 인원이 필요하면 C로 발령을 내달라고 특별히 부탁해 두기까지 했다.

그렇게 나는 C가 아프리카에서 근무하는 줄로 알고 있었다. 그런데 나중에 들은 바로는 그렇지가 않았다. 그 무렵 결혼을 한 그가 아프리카로 발령을 받은 것은 사실이었다. 그러나 그는 갑자기 아프리카로 나가게 되면 회사를 그만두겠다고 선언했던 것이다. 결국 그의 아프리카 발령은 없던 일이 되었다. 그 대신 C는 말레이시아 지사로 발령받았다. 그러나 그곳에서의 삶도 성공적이지 못했다. 4년 임기를 채우지 못하고 조기 귀국한 그는 얼마 뒤에 회사를 그만둬버리고 말았다 한다.

C가 아프리카 자원을 포기한 저간의 사정을 나는 모른다. 해외 생활을 너무 낭만적으로 생각했을 수도, 아니면 갓 결혼한 아내의 반대를 극복하지 못했을 수도 있다. 어쨌든 우리가 거둔 성공이나 인식 변화도 그의 마음속 뿌리 깊은 거부감을 극복하는 데는 별 도움이 되지 않았던 모양이다.

C와는 전혀 반대의 사례도 있다.

K는 내가 나이지리아에서 만난 친구였다. 나보다는 한참 젊은 나이였는데, 어느 날 무턱대고 나를 찾아왔다. 그는 명함을 내밀며 이렇게 말했다.

"저는 한국에서 광고 판촉 업무에 종사했던 K입니다. 그런 경험을 바탕으로 나이지리아에 판촉 전문 마케팅 회사를 차렸습니다. 일거리가 있으면 부탁드리겠습니다."

실제 나이지리아에 판촉 전문 마케팅 회사가 없던 시절이었다. 요즘에는 여전히 미숙하기는 해도 몇몇 업체가 생기긴 했지만, 그때는 누구라도 일을 맡기면 절반 이상은 가르치면서 일을 시킬 수밖에 없는 상황이었다. 그런데 자발적으로 그런 일을 하겠다고 젊은 친구가 나타났으니 나로서는 반갑지 않을 수 없었다.

나는 시험 삼아 일거리를 주어보았다. 그는 맡은 일을 훌륭히 해냈고, 나는 더 많은 일거리를 그에게 주었다. 그는 나중에 전문성을 인정받아 아프리카 전체를 대상으로 하는 판촉 마케팅 전문 공급업체를 차렸다. 사업을 획기적으로 성장시킨 것이다.

K는 한국에서 이런저런 일에 손을 댔으나 모두 실패했고, 결국엔 사생결단의 심정으로 가족을 동반한 채 나이지리아로 무작정 나와 버렸다고 했다. 달랑 노트북 한 대와 옷가지에 자기가 사용했던 마케팅 기물들을 배로 부쳐 놓고는 그냥 이곳으로 나온 것이다. 나이지리아에 나와 시장을 훑어보고는 자기가 해왔던 마케팅 분야는 아직 눈에 띄는 업체가 없다는 사실을 깨달았다. 기회는 그렇게 갑자기 나타나기도 한

다. 그는 마치 계시라도 받은 것처럼 나이지리아 최초의 판촉 전문 마케팅 업체를 세웠다. 그리고 그것을 발판으로 사업을 아프리카 전역으로 확대시켰다. 그의 새로운 인생이 시작된 것이다.

특별한 삶을 위한 선택

누구나 자신의 삶이 특별해지기를 바란다. 타인의 인정 속에서든 스스로의 자부심에서든 모든 면에서 그렇다. 그런데 그 특별함을 위해서는 특별한 선택과 전략이 필요하다는 사실을 사람들은 쉽게 잊곤 한다. 혹은 머리로는 이해하지만 가슴과 몸으로는 결단하지 못한다.

"좁고 험한 길로 가려고 노력해라. 사람들이 많이 다닌 크고 넓은 길에는 이미 기회가 없다. 그 길은 경쟁자들이 이미 다 가고 있는 길이다. 경쟁자들이 가기 두려워하는 그런 길, 언제 터질지 모르는 활화산이 놓여 있는 뜨거운 길에 도전하라."

캐런 포스트라는 브랜드 전문가의 말이다. 성공 확률이 얼마나 될지는 누구도 알 수 없다. 사람들은 조롱하고 가족과 가까운 사람들의 반발도 만만치 않다. 그러나 때로는 누가 뭐래도 자신의 길을 가야 할 때가 있다. 무난하게 망하는 길을 택하지 않고 누구나 죽는 길이라고 말하던 바로 그 길에서 살아나야 한다. K처럼 말이다.

C군을 생각할 때마다 아쉬운 점은 그것이다. 사실 세탁기 사업도, 말레이시아 근무도 온전히 그의 의지로 선택한 일은 아니었다. 그 자신의 결단으로 아프리카 근무를 결심했을 때 그는 남과 달라지기로 한 것이다. 그의 삶은 그런 자기 결단의 순간 특별해질 수 있었다. 개인도 브랜드라면 남들 다 가는 꽃길을 바라지 말아야 하는 건 마찬가지다. 그

러나 그는 일생에 오기 힘든 그 기회를 스스로 박차고 말았다.

회사를 퇴직한 것이 또 다른 특별함을 위한 C의 결단이었기를 기대해본다.

모두가 죽을 만큼 열심히 사는 세상에서 성공하기

리비아 교민에게 들은 이야기이다. 1985년 지중해로 들어온 미 함대가 트리폴리를 폭격하기 시작했다. 몇 개월 전 지중해 상공에서 폭발한 TWA기 사건에 대한 책임을 물어 미국이 보복 공격을 한 것이다. 이 폭격으로 리비아의 지도자 카다피는 양녀를 잃었고, 트리폴리 군사기지와 관공서 일부가 파괴되었다.

당시 트리폴리에 거주하던 C사장은 새벽녘에 엄청난 폭발음에 놀라 잠을 깼다. 집안의 유리는 모두 산산조각이 나고 C사장 부부는 이불을 덮고 공포에 떨었다. 계속되는 폭격에 참다못한 부인이 소리쳤다.

"아니, 적들이 저러도록 도대체 아군은 뭘 하고 있는 거야!"

그날 아침은 리비아 정부가 섬유 수입 건에 대한 최종 입찰 결과를 발표하기로 돼 있었다. C사장은 갈등했다. 이런 날은 그저 집에 얌전히 틀어박혀 있는 게 돈 버는 일이라는 생각에 입찰청 가는 일을 포기하려 했다. 그러다가 다시 생각해 보니 그게 아니었다.

'아마 경쟁업자들도 나와 똑같은 생각을 하며 집에 머무르려 하겠지? 그때 나만 떡하니 나타나면 정부 관리들이 얼마나 감동을 할까. 아마 내게 입찰을 몰아줄지도 몰라.'

그러나 예상은 보기 좋게 빗나가버렸다. 정작 입찰청 건물은 자물쇠로 굳게 닫혀 있었다. 오히려 여기저기서 한인 경쟁 업자들이 쑥스러운 얼굴을 하며 하나둘씩 나타났던 것이다.

사람들은 다 그렇게 목숨 걸고 일을 한다. 더 이상 어떻게 그럴 수 있나 싶을 정도로 열심히 산다. 성공이 바늘구멍 찾기보다 어려운 이유는 바로 그것이다. 요즘 세상은 더하다. 청년·학생부터 장년층의 구직자, 자영업자, 중소기업에 이르기까지 그렇게 열심히 노력하면서도 모두가 죽을 지경이라고 아우성 아닌가.

이것은 사회 구조적인 문제이지만 언제 올지 모를 해결책을 그저 기다릴 수는 없다. 이런 세상에서는 그저 남들처럼 열심히 사는 것만으로는 부족하다. 달라져야 한다. 남과 달라지지 않으면 죽는다.

어떻게 달라져야 하는지 도통 모르겠다면, 이 숨 막히도록 꽉 짜인, 그러면서도 아무 희망도 주지 못하는 세상으로부터 일단 한 뼘만 벗어나 보기로 하자. 그리고 남과 다른 길, 남이 하지 않는 일이 무엇인지를 생각해 보자. 아주 작은 발상의 전환으로부터 세상의 틈이 보이고 그 작은 구멍으로 빛이 쏟아져 들어온다. 그 빛이 어둠을 밝힌다. 그 빛은 아마도 이제껏 스스로 규정해 왔던 자신의 가치를 전혀 달라지게 보이게 할지 모른다. 그 다름을 무기로 개척하는 새로운 길이 우리가 걸으려는 바로 그 길이다.

세상의 끝이 아닌
새로운 시작의 에너지

지옥의 예찬자?

아프리카 나이지리아에는 알라바 마켓이라 부르는 가전 도매 시장이 있다. 수천 개의 전파상들이 밀집해서 나이지리아 전체에 가전 제품을 공급하는 곳이다. 우리 직원들은 일주일에 한 번씩 알라바 마켓으로 가서 10여 명에 이르는 그곳의 '큰손'들로부터 주문을 받았다. 그들이 한두 개의 컨테이너 분량에 이르는 제품들을 주문하면, 우리는 벨기에의 앤트워프에 있는 창고에서 물건을 싣는다. 컨테이너가 오는 사이 그들이 결제를 완료하면 우리는 물권을 넘기는 것이다.

당시 우리는 발바닥이 닳도록 알라바 마켓을 뛰어다녀야 겨우 월 몇십 만 달러어치의 물량을 판매할 수 있었다. 그러나 이곳은 1억 5천만 인구를 가진 나이지리아 시장의 중심이자 최전선이었다. 뿐만 아니라 아프리카 대륙 전체의 판매 전초기지였다. 우리로서는 어떤 경우에도 포기할 수 없는 시장이었다.

이처럼 막중한 위상에도 불구하고 알라바 마켓을 둘러싼 환경은 너무나 열악했다. 그곳으로 가는 길은 비포장도로여서 비만 오면 여기 저기서 흙탕물을 뒤집어쓰기 일쑤였다. 용케 진흙탕을 벗어나 안쪽으로 들어가면 거대한 미로가 펼쳐진다. 거미줄처럼 뻗어있는 좁은 골목과 도로들, 인산인해를 이룬 사람들, 찌는 듯한 더위와 공기 속의 갖가지 냄새에 취한 채 서너 시간을 돌다보면 정신이 혼미해진다.

그보다 더한 문제는 이곳이 치안 부재 지역이라는 사실이었다. 수시로 여기저기서 싸우는 풍경이 연출된다. 그 중에 일부는 정글도라 불리는 짤막하고 휘어진 칼을 휘두르는 경우도 허다했다. 한번은 어떤 사람이 인파 속을 마구 달리고 있고, 그 뒤로 다른 사람이 벌거벗은 웃통에 피칠갑을 한 채 정글도를 높이 들고 쫓아가는 모습을 본 적이 있다. 모골이 송연해지는 광경이었다. 함께 출장을 온 본사 직원은 혼비백산하며 빨리 사무실로 돌아가자고 난리였다. 알라바 마켓을 관통하는 개천은 건기에는 생활폐수가 지독한 냄새를 풍기며 졸졸 흐르는데, 가끔 그곳에 죽은 시체가 버려져 있는 경우도 있었다.

다른 날은 알라바로 가는 길에 경찰이 범죄자를 잡아서 길거리 처형을 하는 광경을 보았다. 정확한 이유는 모르겠지만, 폐타이어에 끼워진 그는 휘발유를 뒤집어쓴 채 산 채로 불태워졌다. 심장이 멎을 듯한 광경이었다. 더욱 충격적인 건 주변 사람들의 반응이었다. 그들은 태연한 표정으로 마치 그 모습을 즐기듯 바라보고 있었던 것이다.

인명 경시 풍조가 낳은 비극이었다. 실제로 알라바 상인과 심한 이권 다툼이 있으면 목숨이 위태로운 경우가 많았다. 그래서 그들이 주문을 하고 2~3개월이나 체불을 해도 냉가슴만 앓는 경우가 허다했다. 물론 우리가 상대하는 거래선은 수만 명의 상인 중에서도 최고의 신사여서 그런 수준은 아니었다. 하지만 시장을 둘러싸고 있는 물리적 환경은 실로 우리의 상상을 초월하는 경우가 많았다.

그랬다. 내가 활동한 아프리카란 그런 곳이었다. 사람들은 이런 이야기를 들으며 '아비규환'이니 '지옥'이니 하는 단어를 떠올릴 것이다. 실제로 내가 '아프리카에서 근무한다'고 말하면 사람들은 깜짝 놀라는 표정을 지으며 묻곤 했다. "거기 괜찮아요?" 혹은 내가 민망해할까 봐 아무렇지도 않은 척 "요즘 어때요, 아프리카는?"하고 묻는다. 그러나 나는 미소를 지으며 대답한다.

"정말 세상의 끝 같지요? 하지만 나는 아프리카 예찬자이랍니다."

누구에게나 자기만의 '아프리카'가 있다

사람들은 믿지 못하겠다는 표정을 짓지만, 이것은 사실이다. 나는 진짜 아프리카의 예찬자이다. 돌이켜보면 세상의 벼랑 끝에 서 있다는 생각이 들 때마다, 나는 자의 반 타의 반으로 아프리카 주민이 되어 있었다. 죽어가던 기력을 되찾고, 재기의 발판을 마련하여 삶의 더 높은 단계로 도약하곤 했다. 아프리카가 지닌 카오스적인 활력 탓이었는지도 모른다. 그러나 나는 더 큰 이유를 알고 있다. 우리 모두가 도저히 풀 수 없는 문제에 직면하는 경우가 많다. 그럴 때는 현재로부터 과감하게 벗어나는 것이 가장 큰 해결책이 되기도 한다. 관점과, 생각과, 질문의 각도를 달리 하면 거기에서는 무수히 다른 해결책이 나온다. 사실상 한 뼘의 각도만 조정해도 전혀 다른 실행의 계획이 세워진다.

나의 경우가 그랬다. 28년 전 사회초년병 시절, 조직에 적응하지 못하여 좌절하던 나는 북아프리카에서의 해외 주재원이란 돌파구로 위기를 뛰어넘었다. 그로부터 10여 년이 흐른 뒤, 조직 생활에서 가장 큰 시련에 봉착했을 때도, 아프리카라는 사다리를 통해 수렁에서 빠져나왔다. 서구에 뿌리를 둔 문명의 잣대로는 아프리카가 '세상의 끝'일 수도 있다. 그러나 시각을 달리해서 보면 그곳은 삶을 위한 위대한 기회의 땅이기도 했다.

이것은 나만의 특별한 경험은 아닌 듯하다. 아프리카를 무대로 사업을 펼친 한인 사업가 중에 권영호라는 인물이 있다. 그는 한국이 찢어지게 가난하던 1960년대 원양 어업 개척자로 스페인에 주재하게 된다. 1979년까지 착실하게 회사원 생활을 하던 그는 차장 직함을 끝으로 퇴직하게 된다. 첫 번째 시련이자 도전의 순간이 찾아왔다.

그는 퇴직금을 털어 2만 달러짜리 어선을 산다. 일본 업체가 버리려 했던 폐선이었다. 배를 수리하고, 스페인령 그랑 카나리아를 무대로 하여 근근이 2년을 버텼다. 그러나 도저히 답이 보이지 않는 상황이었다. 콧대 높은 유럽인들은 동방의 후진국에서 온 사업가를 상대해주려 하지 않았다. 때마침 카나리아제도의 어장도 메마르기 시작했다. 일본과 소련 등 어업 선진국들이 어장을 싹쓸이 했던 것이다. 다시금 절체절명의 위기가 찾아왔다.

번민하던 그는 뜻밖의 결정을 내렸다. 유럽으로 향해 있던 눈을 돌려 아프리카를 바라본 것이다. 모두가 꺼려하던, 개중에서도 남한과는 외교 관계조차 없던 사회주의 국가 앙골라를 공략 대상으로 삼았다. 그는 앙골라 정부에 2년간 무상으로 생선을 납부하면서까지 신뢰를 쌓았다. 그러고는 마침내 앙골라 인근 해역에 대한 조업권을 획득했다.

앙골라의 바다는 권영호에게 황금어장이었다. 이를 기반으로 그는 엄청난 부를 쌓아올린다. 그가 설립한 기업 인터불고는 전 세계에 10조 원 규모의 자산을 갖추고 매년 1조 원의 사업을 벌이는 중견 그룹으로 자리 잡았다. 그로 대표되는 서아프리카 어업이 가장 성공적인 사업 모델로 꼽히는 이유다. 그에게도 아프리카는 세상의 끝이 아닌 위대한 도약의 땅이었던 것이다.

좌절하고 재기의 기회를 꿈꾸는 모든 사람들이 아프리카로 달려가야 한다는 이야기가 아니다. 관습과 지위와 체면과 안락함에 푹 쌓인 채 이제껏 보지 못했던, 바로 그곳이 '아프리카'라는 것이다. 켜켜이 내려앉은 먼지를 닦아내고 거울 표면을 마주하듯 그곳을 바라볼 수 있다면, 그의 도약은 이미 시작된 것과 다름없다.

그렇게 우리 모두는 저마다의 '아프리카'를 가지고 있다. 다만 보지 못할 뿐이다. 수십만 년 전 아프리카는 호모 사피엔스의 시작점이었다. 우리의 아프리카도 새로운 시작의 에너지로 가득 차 있다. 그곳은 단지 당신에 의해 '발견'되기만을 기다리고 있을 뿐이다.

아프리카는 한국 중소기업의
신천지가 될 수 있을까?

위기의 한인 사회

나는 세계 곳곳을 다니며 수많은 한인들을 만나보았다. 해외에 나가면 누구나 애국자가 된다고 하듯이, 나는 이분들을 만나면 우선 진한 혈육의 정부터 느꼈다. 어떤 사연, 어떤 목적으로 이역만리에 뿌리를 내렸는지는 모르지만, 한국인의 자부심을 가지고 열심히 살아가는 모습은 늘 존경스러울 정도였다. 특히 아프리카나 중동 같은 험지에서 사시는 분들을 볼 때마다 그런 마음은 더해 갈 수밖에 없었다.

그런데 그분들을 바라보는 내 시선에는 사업가의 감각이 숨어 있었던 것도 사실이다. 그분들이 하는 사업을 보며 그 역사는 어떻게 되는지, 현재와 미래 전망은 어떤지 유심히 관찰하곤 했던 것이다. 주제넘지만 그분들의 사업이 더 번창하여 그 누구도 깔볼 수 없을 만큼 한국인의 위상을 드높여주기를 바랐기 때문이다.

하지만 안타깝게도 내가 보아온 모습은 그렇지 않았다. 내가 본 그들의 사업은 짧은 영광과 기나긴 정체 내지 퇴출로 요약된다. 예를 들어 아이보리코스트의 한인 사진업의 역사가 그렇다. 이 나라에는 놀랍게도 1970년대 초반부터 한인들이 진출했다. 아직 한국에서의 삶이 고달팠던 시절 생존을 위해 머나먼 서아프리카의 땅까지 흘러들었던 것이다. 이렇게 진출한 한인들 중 많은 수가 사진업에 진출했다.

사진업은 큰 투자가 필요치 않은 사업이다. 카메라 한 대와 인화·현상을 위한 설비만 있으면 시작할 수 있다. 또 자신의 사진을 갖기 좋아하던 아프리카인들에게 쉽게 다가갈 수 있는 사업이기도 했다. 70년대와 80년대 이들이 낸 사진점들은 큰 재미를 보았다. 돈을 자루에 쓸어 담고 밤늦도록 세는 날이 많았다고 술회할 정도이니 얼마나 짭짤한 장사였는지 짐작이 간다.

그런 사진업은 90년대 중반부터 갑작스레 침체기를 걷기 시작한다. 현지인들의 사진업 진출이 본격화된 탓이다. 여기에 디지털 카메라와 스마트폰의 사용이 일상화되면서 사진 자체가 구시대 유물로 바뀌어버렸다. 대다수 한인들은 이런 변화에 대처하지 못하고 가게 문을 닫았다. 그 자리는 사진관의 규모를 키우고 이벤트 중심으로 사업을 진화시킨 레바논인과 현지인들이 메웠다. 한인들은 다른 생업을 찾다가 실패하고 이제는 거의 와해 상태에 이르고 있다.

비단 아프리카만이 아니다. 예컨대 중동의 요르단에서도 한인들의 사업은 거의 붕괴되었다. 모국을 기반으로 하던 무역업은 2000년대가 오기도 전에 거의 끝나버렸다. 대부분 현지인을 대상으로 하는 게스트하우스나 식당을 하는 수준이다. 결국 요르단에는 사업다운 사업을 하는 한인은 없다는 말이 된다. 이처럼 한인들의 사업 역사를 살펴보면 대체적인 경향이 드러난다. 한 시대를 풍미하던 사업이 퇴조를 하면, 별도의 사업 모델을 개발하지 못하고 함께 추락해버리고 만다는 것이다.

대한민국 중소기업, 대체 그들은 어디에?

중소기업의 아프리카, 중동 진출의 실태를 살펴보면 더욱 문제가 많다. 이들의 존재감은 거의 찾아볼 수 없다. 그나마 가발 산업 정도가 명맥을 유지하고 있는 유일한 사례일 것이다. 한국 산업화 초기에 미국 시장을 석권했던 가발 산업은 이후 아프리카로 생산기지를 옮겼다. 저임금과 엄청난 잠재적 시장을 노리고서였다. 이 전략은 큰 효과를 보아서 가발 산업은 지금도 아프리카에서 활약하는 대표적인 한인 사업으로 자리를 잡았다.

그러나 그 외에는 뚜렷한 사업이나 기업체를 찾아보기 힘들다. 대부분 모국에서 경쟁력 있는 사업을 도입했다가 그것이 시들면 함께 시들어버리고 만다. 섬유업이나 전자 산업이 한 시대를 풍미하다가 모국의 경쟁력이 사라지면서 함께 도태된 것은 대표적인 사례이다.

용케 아프리카 진출에 성공했다가도 지속적인 성공 모델을 만들지 못한 채 시장에서 사라진 경우도 있다. 대구의 한 직물업체가 나이지리아 상류층 부인들의 전통 옷을 새롭게 디자인하여 대박을 터뜨린 일이 있었다. 좋은 질감에 그들이 좋아하는 화려한 색상, 현대적 감각이 깃든 멋진 디자인으로 단번에 고급 전통 의류 시장을 석권한 것이다. 그런데 이 소문을 들은 한국의 무수한 중소 업체들이 이 시장에 뛰어들었다. 나이지리아 고급 의류 시장은 한국 업체들로 북적였고 이들 사이에 불필요한 가격 경쟁이 붙었다. 시장은 5년도 안 되어 완전히 망가져버리고 말았다.

이 기회를 이용해 시장을 가로챈 것은 중국의 업체들이었다. 선발 주자들이 힘들게 닦아 놓은 길에 편승했다가 압도적인 자원과 가격 경쟁력을 무기로 시장을 접수한 것이다. 전통 의류는 한인 업자끼리 공동의 진입 장벽을 치고 공존의 룰을 지켰더라면 오래도록 함께 번영을 누렸을 사업이었다. 그러나 적당한 경쟁과 협력의 장을 마련할 줄 모르는 업자들의 탐욕이 황금알을 낳는 거위를 죽이고 말았다. 따지고 보면 이 역시 중구난방 식으로 이뤄지는 우리 기업들의 진출 행태를 잘 보여주는 것이다. 한마디로 희망의 싹이 보이지 않는 것이 현재까지의 중소기업 진출의 역사라고 할 수 있다.

아프리카에 황색 파도가 밀려온다

내가 아프리카에서 만난 다른 국가나 민족들은 그렇지 않았다. 특히 세계 3대 상인이라는 인도, 중동 그리고 중국 상인이나 업체들은 우리와는 다른 생존 방식을 추구하고 있다. 이들은 쇠퇴일로를 걷는 한인 업체와는 다르게 아프리카에서 승승장구하고 있다. 그들도 시대의 변화를 겪기는 마찬가지였다. 사업의 사양화로 위기를 겪은 것도 똑같다. 하지만 이들은 지속적인 사업 모델 개발로 변화에 성공적으로 적응해 나가고 있다.

여기에는 몇 가지 원동력이 있다. 우선 이들은 현지화라는 키워드를 제1 가치로 추구한다. 뿌리 내리기는 힘들어도 한번 정착한 뒤에는 웬만한 역풍에는 끄덕도 하지 않는 사업체를 구축한다. 즉, 이들은 무역업이나, 호텔업, 고급 식당업 및 유통업을 하면서 현지에 깊숙이 뿌리 내리는 데 성공했다. 또한 이들은 사업의 기반을 반드시 본국에 두려고 하지도 않는다. 중국이나 인도의 산업이 아주 취약한 시절에도 이들은 일본, 대만, 한국, 싱가포르 등의 나라에서 상품을 수입했고, 그들 나라가 경쟁력을 잃으면 다른 국가들로 수입처를 옮겼다. 그럼으로써 자신들이 확보한 시장에서의 지배력을 확장하는 데 성공했다.

이처럼 인도인, 중동인, 중국인들은 아프리카의 강자로서 그 위상을 굳건히 해가고 있다. 아프리카를 휘두른다는 불만과 비난의 대상이 될 정도로 막강한 경제력을 휘두른다.

특히 최근에는 중국인들의 '굴기崛起'가 무섭다. 이들은 가격 경쟁력을 바탕으로 중국산 제품의 무역에 성공하고 있다. 업종별로 차이는 있지만 중국 상품의 점유율은 적게는 30%에서 많게는 100%를 차지할 정도로 절대적이다. 또 이들은 차이나타운을 중심으로 한 각종 소매형 사업에서도 성과를 내고 있다. 타운 밖에서도 고급 레스토랑을 운영하고 숙박업 및 각종 소매업에 발 빠르게 진입하여 부를 키운다. 심지어 전통 시장 바닥에 좌판을 깔고 앉아 중국제 잡화를 팔면서 생계형 노점까지 접수해 가고 있는 상황이다.

이들에 대한 중국 정부의 지원도 스케일이 크다. 이들은 아프리카 어느 나라를 가든 엄청나게 큰 대사관을 짓는다. 그 넓은 부지에 숙박 시설을 갖추고 상상도 못할 저렴한 비용으로 숙식을 제공하고 있다. 아프리카에 눌러앉은 자국의 건설 인력 외에 현지를 방문한 기업 관계자는 물론 영세 상인들에게까지 편의를 제공한다. 말 그대로 그들의 사업에 국가적인 지원을 아끼지 않는다. 중국인 특유의 상인 정신과 국가적

지원이 맞물려 아프리카에는 바야흐로 황색 물결의 시대가 도래하고 있다. 지금이라도 이들의 사업 방식을 배우고 우리 것으로 체화하지 않는다면 미래의 주도권은 영영 그들의 차지가 될 것이다.

야생성을 되찾은 중소기업이 필요하다

내가 보기에 아프리카에서의 비즈니스 문제는 한국 중소기업의 운명과 직결되어 있다. 붕괴 직전에 있는 중소기업의 활로가 다름아닌 아프리카에 있다는 것이 나의 확신이다.

아프리카 대다수 나라의 공업적 인프라는 거의 무시해도 좋을 수준으로 취약하다. 모든 물자를 수입에 의존하고 있는 게 현실이다. 공장 운영에 특별한 재능을 가진 우리의 중소기업들에게 무한한 시장적 가치를 제공하는 환경이다.

물론 반드시 제조업 기반의 중소기업일 필요도 없다. 특화 농업과 호텔업, 식당업 등과 같은 서비스업도 무궁무진한 가능성을 갖고 있다. 이런 기업들이 경쟁의 적색 지대인 한국을 벗어나 새로운 시장에 속속 도전하는 모습은 상상만으로도 짜릿함을 안겨준다. 저 북미대륙을 수 놓았던 골드러시 시대의 새로운 버전이 불가능하지만은 않으리라 믿기 때문이다.

그러나 현실은 거꾸로 가고 있다. 우리나라는 기존에 있던 각국의 무역관마저 철수해 버렸다. 간신히 끈을 이어오던 무역에도 거의 손을 놓았다. 이것은 거꾸로 그만큼 아프리카에 도전하는 기업들의 씨가 마르고 있다는 반증이기도 하다.

이런 상황을 반전시키기 위해서는 무엇보다 아프리카에 대한 인식 전환이 필요하다. 막대한 천연 자원과 관광 자원, 12억 인구의 거대 시장을 가진 아프리카를 미래를 위한 교두보로 삼겠다는 전략 말이다. 정부도 그렇지만 무엇보다 중소기업에서의 인식 전환은 절실하다.

오늘날 중소기업은 경기 불황과 대기업의 시장 잠식이라는 이중고에 더하여 우후죽순처럼 생겨난 중소기업 간의 극심한 경쟁으로 생존 자체를 위협받고 있다. 그렇다고 언제까지나 이런 문제를 한탄만 하고 있을 수는 없다. 그것은 그것대로 극복해 나가되 국내 시장이라는 프레임에서 과감히 벗어나야 한다. 좁은 우물을 벗어나 겁 없이 도전하는 중국 상인들의 자세를 본받아야 한다는 것이다.

중소기업의 아프리카 시장 진출은 우리 경제 전체의 활로를 위해서도 아주 중요한 문제이다. 우리나라는 미국 중국에 대한 무역 의존도가 50%에 육박한다. 이번에 사드 배치 논란을 겪으며 우리는 그것이 얼마나 치명적인 문제인가를 다시 한 번 충격적으로 경험하고 있다. 결국 일부 시장에 대한 의존성을 현저히 낮춰야 한국 경제의 기형적인 대외 의존성이 극복된다. 시장의 다변화가 필요하며 그 대안이 아프리카를 필두로 한 중동, 동남아, 중남미 시장에 대한 접근이라는 사실은 이제 결코 비밀이 아니다. 안타깝게도 그런 시장에 진출하려는 중소기업은 사실상 거의 없지만 말이다.

대기업에 의한 시장 잠식이라는 문제도 그렇다. 중소기업의 해외 진출이 이 문제를 푸는 해법이 될 수 있다. 재벌 그룹의 매출 비중이 70%에 육박하는 현실에서 중소기업의 비중을 높인다는 게 말처럼 쉬운 일이 아니다. 그렇다면 목마른 자가 우물을 판다고 이제 중소기업이 스스로 운명을 개척할 때가 왔다. 대기업의 손길이 미치지 않는 곳,

대기업이 손대지 못할 영역을 찾아 과감히 한국을 탈출해야 한다.

나는 그러한 시도를 먼저 아프리카에 적용해 보기를 권한다. 우리에게 정말 새로운 기회를 가져다 줄 황금의 문이 그곳에 있을지 모르기 때문이다. 아니 나는 확신한다. 아프리카를 비롯하여 서남아시아와 CIS 지역 그리고 중남미 등의 시장은 여전히 블루오션으로 남아 우리를 기다리고 있다. 단지 어느 결에 관성화 되어버려 과거의 야생성을 잃어버린 우리들이 두려움에 떨면서도 현실을 외면하고 있을 뿐이다. 지금부터라도 도전 정신을 되찾아 이들 시장에 대한 공략을 시작해 나가야 한다. 대한민국의 중소기업은 그 황금 문을 열 수 있는 키가 될 역량을 충분히 갖고 있다.

정글 속 추장과의 만남 - "너희들은 이제 보호받노라!"

나는 나이지리아에서 정글 문화 체험을 기획하고 거래선의 사장들과 함께 어느 부족을 방문한 일이 있다. 부족장에게 줄 선물을 잔뜩 싣고 현장에 도착을 하자, 요란한 전통 춤이 우리 일행을 맞아 주었다.

우리는 한참 만에 추장이 거처하는 왕궁(이라 부르기엔 너무 초라했지만)으로 안내를 받았다. 추장의 한 측근이 와서는 우리에게 추장을 부르는 호칭을 알려 주며 연습을 시켰다. '존하Your Royal Highness'를 매번 입에 달고 말하라는 것이었다.

잠시 후에 추장이 나타났다. 190센티 정도의 장신에 부리부리한 눈, 떡 벌어진 어깨를 한 그가 나타나자 우리는 모두 일어섰다. 나중에 안 사실이지만 그는 영국 유학까지 한 인텔리였다.

추장은 앉자마자 우리가 누구인지를 물었다. 나는 추장의 측근이 가르쳐 준대로 'Your Royal Highness'를 외치며 우리가 오게 된 경위를 말했다. 고개를 끄덕이던 추장은 대뜸 어떤 선물을 가지고 왔는지를 물었다. "한국에서 전통적인 집안 장식용품을 가져 왔습니다. 존하." 나는 가져온 족자를 펼쳐 보였다.

"그것 말고 다른 선물은 없는지 물어 보아라." 놀랍게도 그는 전혀 기분이 좋아 보이지 않았다. 나는 이번에는 들고 간 최신 휴대폰을 보여 주었다. 그래도 그는 여전히 만족스럽지 못한 표정이었다. 상황이 묘하게 돌아가자 함께 갔던 거래선 사장이 기지를 발휘했다.

"존하, 저희들이 존하를 위해서 초대형 TV를 한 대 준비했습니다. 너무 커서 비행기에 싣지 못하고 차로 오고 있습니다. 아마 며칠 후면 이곳에 도착할 것입니다.'

그 말을 듣자마자 만면에 화색이 돌면서 추장은 들뜬 목소리로 말했다.

"지금 이 순간부터 나의 영지에 있는 모든 백성들에게 알린다. 이후로는 모든 제품을 XX로만 살 것을 명령한다." 그리고 그는 한 발 더 나아갔다.

"나의 땅에 사는 2백만 백성들에게 알린다. 지금 이 순간부터 여기 있는 손님들을 특별한 예우와 보호로써 맞을 것이다." 그리고는 처음으로 직접 우리를 쳐다보며 선언했다.

"당신들은 이제 보호받노라!"

우리는 속으로 얼마나 웃었는지 모른다. 그러나 추장은 나름 자신의 권위를 지키려고 최선을 다하고 있었다. 나중에 들은 바로 그 추장은 두 달 후에 자리에서 쫓겨나고 다른 사람이 추장으로 옹립을 받았단다. 그럼에도 대형 TV는 그에게 전달되었다.

살아남기 위해
악마와 손잡기?

연말이 괴로운 이유

대부분의 영업인은 매월, 매분기, 그리고 매년 그가 만들어낸 실적으로 평가를 받는다. 정보기술이 발달한 현대에는 매주 평가를 받기도 하고, 심지어는 매일 평가를 받기도 한다. 특히 일선 현장으로 내려갈수록 평가의 주기는 더욱 짧아진다. 매점에서는 매시간 판매 현황을 점검받기도 하는 것이다.

그래서 실적이 곧 영업의 얼굴이란 말을 한다. 사실 실적이라는 객관적 수치만큼 정확한 것이 없다. 어느 누구도 그가 달성한 영업 수치를 부정하거나 부인할 수 없다. 그만큼 강력한 힘을 발휘하기 때문에 영업인은 자신에게 부과된 수치를 달성하기 위해 모든 수단과 방법을 가리지 않는다.

여기서 자신에게 부과된 평가 지표는 3가지가 있다. 우선 판매 목표, 이익 목표, 점유율 등의 목표 지표가 있고, 기간별로는 전월 대비, 전년 대비 성장이란 성장 지표가 있다. 이런 목표들과는 별개로 경쟁사와 비교하는 경쟁 지표란 게 또 있다. 성공하는 영업인들은 이 모든 것들을 머릿속에 넣어두고 그것을 달성하기 위해 시간별로 자원 투입을 결정하고 시장의 최종 평가를 기다린다.

시간의 궤도 위에서 각 시점별로 투입해야 할 시기에 적량을 투입한 자는 만족스런 결과를 얻는다. 사람의 일이든, 사업이든 심지어 정치이든 적당한 시점에 적당한 인풋이 있으면 적당한 결과가 나오는 것이 세상의 정도다. 그러나 투입을 해야 할 때 제대로 하지 않는 사람이 더 좋은 결과를 기대하면 문제가 발생한다.

그런 의미에서 영업이란 것도 따지고 보면 농사와 별반 다를 게 없다. 열심히 밭 갈고, 씨 뿌려 물을 주고, 김을 매는 등 각 시기별로 해야 할 일을 성실하게 한 농부는 가을이 두렵지 않다. 그렇지 않은 농부에게는 오는 가을이 지옥처럼 괴로울 뿐이다.

그런데 많은 회사들은 투입은 최소화하고 최대의 결과를 원한다. 이런 기업이나 사업가 밑에서 일하는 영업인은 매번 맞이하는 월말과 연말이 괴로운 법이다. 욕심이 과한 회사는 실적이 부진하다는 이유로 해고와 같은 극단적인 결정을 내리기도 한다. 근거 없이 단기간에 큰 실적을 요구하는 기업은 영업인들로 하여금 악마와의 거래를 생각하게 한다.

악마의 은밀한 속삭임

악마는 늘 속삭인다. '가격을 후려쳐서 매출을 올리라고!' '할인 세

일을 해서 매출을 올리라고!', '리베이트를 듬뿍 줘서 매출을 올리라고!', 심지어는 '나중에 반품으로 받아준다고 하고 우선 매출을 올리라고!'까지 말한다. 정석대로 영업을 하는 사람들은 이런 유혹에 결코 흔들리지 않는다. 그러나 목구멍이 포도청인 영업인들은 이런 유혹의 손길에 쉽게 흔들리는 것을 현실 세계에서 많이 보아왔다.

잘 개발한 영업관리 시스템이 이런 병폐를 시스템적으로 방지하는 데 결정적인 공헌을 한다. 그러나 유혹의 마술에 영혼을 빼앗긴 자에게 이런 것들을 우회할 수단은 얼마든지 존재한다. 결국 영업에서 악마를 초대하지 않기 위해서는 성실한 농부의 마음으로 영업을 하고, 이를 통해 목표를 달성하는 영업 문화를 회사가 먼저 제시해야 한다.

악마와의 거래는 비단 실적에서만 나타나는 현상이 아니다. 본사에서 VIP가 방문을 하면 영업을 잘 하는 것처럼 보이기 위해 온갖 짓을 하는 경우가 허다하다. VIP가 지나치는 동선을 챙겨 광고물을 올리고, 방문하는 상점에 자사 제품을 더 많이 배치하고, 판매 사원에게 예상 질문과 답변을 연습시킨다. 회사 내의 출세를 위한 악마와의 거래이다.

기업도 예외는 아니다. 대표적으로 시장 조사 기관이 패널로 사용하는 상점의 리스트를 빼내어 시장 점유율을 왜곡시키는 꼼수를 들 수 있다. 그런 곳에 집중 세일을 실시하여 판매 실적을 급격히 올리는 것이다. 이런 일들을 하는 기업은 장기적으로 매우 위험한 상황에 빠지게 마련이다. 그렇지만 나는 이런 부도덕한 짓을 하는 기업을 수도 없이 목격했다. 물론 우리는 이런 유혹에 빠지지 않기 위해 엄청난 노력을 했다. 무엇보다 내 스스로를 위해 그런 짓을 용납할 수 없었다.

우리 회사가 그런 업체와 경쟁을 하면서도 살아남을 수 있었던 것은 끊임없이 우리 스스로를 단속했기 때문이다. 도덕성으로 잘 무장된 조직은 큰 힘을 가진 기업이고, 기본이 강한 회사이다. 눈앞의 달콤한 이익을 멀리하는 대가로 오래 가는 승리를 거머쥔다.

그런데 어디 기업뿐이랴! 인생도, 영업도 마찬가지다. 꼼수는 절대 정수를 이기지 못한다. 거짓말이 거짓말을 부르듯, 꼼수도 더 큰 꼼수를 부른다. 그리고 그 끝에는 돌이킬 수 없는 파국이 존재하는 경우가 대부분이다.

임금인가? 고용인가?

회사에서 일을 하면서 많은 사람들은 자신의 정체성에 대해 고민을 한다. 내가 일을 하는 이유가 먹고 살기 위해서인지, 일을 통해 자기 성취를 이루기 위해서인지 끊임없이 본질적인 질문을 던진다. 돈을 벌기 위해 기업의 부림을 당하는 사람의 입장이 된다는 것은 어찌 보면 불행한 삶이다. 결국 돈을 위해 어쩔 수 없이 희생하는 것으로 자신을 평가 절하시켜 버리기 때문이다. 이럴 때 노동은 마르크스의 주장대로 하나의 상품으로 전락해버린다. 나는 내가 상품화되어 시장에서 제대로 된 가치를 인정받는 것을 나쁘게 보지는 않는다. 그러나 나의 인격을 송두리째 상품으로 매도당하는 것에는 강한 거부감이 있다.

요즘처럼 고용 안정성이 바람 앞의 등불 신세가 되면 이런 현상은 더욱 짙어진다. 이제는 상품 노릇도 제대로 못하게 생겼으니 노동을 통한 자기실현의 꿈은 더욱 멀어질 수밖에 없다. 내일이면 언제라도 내쳐질 수 있는 상황에서 자기실현이니 뭐니 하는 것은 사치일 수밖에 없다. 오늘날 일에 대한 우리의 관점에 영향을 미치는 1차적 요인은 바로 고용 안정성의 문제라는 사실은 누가 봐도 분명하다.

그런 의미에서 우리가 한동안 취해 왔던 종신 고용제는 의미 있는 시스템이었다. 종신 고용제 하에서는 임금의 과다가 중요한 문제가 아닐 수 있다. 그러나 급변하는 국제 경영 환경 아래서 기존의 종신 고용제는 더 이상 경쟁력이 없는 시스템으로 인식되었다. 결국 자본과 노동은 더욱 제 갈 길을 가게 되었다.

이런 상황에서 오너들은 이중적인 자세를 취하는 경우가 많다. 보수는 적게 주고, 일은 더 많이 하기를 바라는 심리상태를 갖게 된다. 참 편리한 생각이다. 그러나 더 많이 일을 하게 하려면 최소한 두 가지 중 하나는 제공해야 한다. 더 많은 임금을 주든가, 아니면 고용에 대한 불안감을 해소시켜 주든가 둘 중 하나는 선택을 하는 것이 맞다. 많은 한국의 젊은이들이 공무원을 하려고 머리가 터지도록 수험 공부를 하는 이유가 여기에 있다.

주도적으로 일을 한다

내가 30여 년간 근무했던 회사는 어느 정도 중간적인 성향을 보이는 곳이었다. 고용에 대한 안정성도 어느 정도 제공하면서, 보수도 평균 이상의 높은 수준으로 지급했다. 세계 무대에서 유수의 기업들과 명운을 건 경쟁을 하는 회사라는 관점에서 보면 상당히 괜찮은 회사라고 할 수 있다. 물론 회사가 요구하는 수준의 일을 수행하는 데 도저히 맞지 않거나 윤리적인 문제가 있는 사람은 정당한 절차에 의해 퇴출될 수밖에 없다. 이런 면까지 포함하여 전반적으로 평가하더라도 괜찮은 기업임에는 틀림없다.

회사에서는 직원들에게 일의 노예가 아닌 주인이 되라는 말을 줄곧 해왔다. 누가 시켜서 하는 일만큼 재미없고 심지어 짜증나는 일이 어디 있을까. 인간이 인간인 이상 자발적으로 일을 해야 능률이 오르고 흥미도 발생하는 것이다. 어차피 해야 하는 일이라면 그 일을 주도적으로 해야 하고, 그러면 무슨 일이든 재미가 있어진다. 더구나 그 일의 결과로 회사의 실적이 좋아진다면 일이 단순히 월급을 쥐어줘서 회사에 충성해야 하는 것과는 전혀 차원이 다른 의미를 줄 것이다. 나를 더욱 가치 있는 존재로 북돋아주는 행위이므로 내 일을 내가 사랑하지 않을 수 없게 되는 것이다.

나는 영업을 하는 사람에게 늘 말해왔다.

"경영이란 것도 결국은 영업이 좌우한다. 영업을 잘하면 매출이 올라가고, 매출이 올라가면 이익이 늘어나서 경영은 좋아진다. 거꾸로 영업 실적이 나쁘면 그 회사의 모든 지표는 다 나빠진다. 결국 회사의 경영은 영업을 하는 우리 손에 달려 있다. 회사의 오너뿐만 아니라 모든 임직원들의 급여도 결국은 우리가 하는 영업의 결과로 주어진다. 우리가 하는 일이 그만큼 중차대하다. 따라서 그런 일을 하는 우리는 무한한 자긍심을 가져도 된다."

실제 그런 자긍심은 우리가 더욱 일에 몰입하게 만들고, 우리를 더욱 프로답게 만드는 첫걸음이 된다. 사업의 주인이 되는 것은 자본의 주인이 되어야 하므로 일반 직장인은 욕심을 내기 어렵다. 그러나 일의 주인이 되는 것은 어려운 일이 아니다. 내가 어떻게 마음먹느냐에 전적으로 달려 있다. 오너나 회사가 얼마나 그런 마음을 가질 수 있게 환경을 만들어 주느냐도 중요하지만 결국 기본은 자신에게 달려있다.

역사 속의 노예는 제도로 굳어진 신분이었다. 주인이 되고 싶다고 될 수 있는 존재가 아니었다. 그러나 현대의 세상은 다르다. 내 의지에 따라 얼마든지 노예도 될 수 있고 주인이 될 수도 있다. 남들이 다 노예가 되어도 나 홀로 주인의 삶을 살아갈 수가 있다. 그런데도 왜 노예의 길이겠는가?

아프리카의 개미집에 관한 단상

아프리카에 살면 몇 가지 자주 보게 되는 독특한 풍경이 있다. 그 중 하나는 어디서나 솟아 있는 거대한 개미집이다. 1센티미터도 안 되는 흰개미들이 3미터도 넘는 거대한 타워를 짓는 것을 사람의 척도로 계산하면 1킬로미터짜리 높이의 건물이 된다고 한다. 그 건물은 최상의 통풍 시설을 갖추고 있어서 무더운 열대의 더위와 높은 습도를 자연적으로 낮춰 주는 기능을 한다. 물론 전력 같은 건 필요하지 않다.

이러한 개미집들을 수도 없이 보면서 매번 나는 자연과 생명의 경이를 느끼곤 했다. 개미집 하나에서 생존하는 개미의 총합은 한 마리의 거대한 동물을 만들고도 남을 수준의 단백질 집합이기도 하다는 말은 여러 가지를 생각하게 한다. 그들은 하나의 개체로 활동을 하지만, 전체적으로 보면 각각이 하나의 거대 동물의 기관으로 작동하고 있다는 것이다.

그 많은 개미 중에 일부는 동물 체내의 백혈구와 같이 외부의 적을 격퇴하고, 일부는 소장으로 음식물에서 양분을 추출해 내고, 일부는 정액을 생산해 내고, 일부는 동물의 자궁 구실을 하여 지속적으로 2세를 생산해 낸다. 각각의 개체를 분화된 총합으로 볼 수도 있는 것이다.

각각의 생명체는 그가 속한 환경에서 스스로 가장 잘 적응한 형태로 살아가고 있을 뿐이다. 그 생명체가 코끼리의 모습일 수도 있고, 사자일 수도 있지만, 가장 작은 개미의 형태로도 번성할 수 있다. 반드시 크고 강해 보인다고 잘된 적응이 아니다. 아프리카사자라면 동물의 왕이라고 말하지만 다 자란 사자의 20%는 굶어 죽는다고 한다. 크고 강하다고 마냥 훌륭한 진화가 아니란 이야기이다. 비록 연약한 개미일지라도 당당히 자신의 왕국을 건설하여 성공적인 생존과 번식을 한다면 그게 바로 강한 생명체인 것이다. 강한 기업을 조직하는 원리도 이와 다르지 않다.

영업에 관해
잘못 알려진 상식들

손해 보는 장사 없다

영업을 하면서 흔히 듣는 말 중의 하나가 '손해 보는 장사 없다'는 말이다. 사람들은 대개 두 가지 중 하나의 경우에 이 말을 한다. 첫째는 물건을 파는 사람이 '손해 보고 드립니다'라며 구매자가 제시하는 마지막 가격에 응하면서 하는 경우다. 그때 구매자는 '흥, 거짓말! 자기가 이익이 되기 때문에 물건을 팔겠지' 하는 생각을 갖게 된다. 그러면서 손해 보는 장사가 어디 있느냐고 반문한다. 나 역시 물건을 판매하는 사람이 '밑지고 판다' 하면 으레 그런 감정을 가졌었다.

둘째는 나로부터 물건을 사가는 상인이 '당신이 주는 가격으로 장사를 하면 손해 보고 팔 수밖에 없다'고 말할 때이다. 이때 나는 속으로 '그러면 왜 내게 물건을 사가? 손해 볼 거라면 아예 사갈 생각도 않았겠지' 하고 여기게 된다. 이것은 우리가 현실 거래에서 거래선들로부터 참 많이 듣는 말이기도 하다.

그런데 이 말 속에는 다소 복잡한 내용이 빠져 있다. 특별한 상황을 제외하면 대다수 상인들은 자신이 사온 물건 값보다 높은 가격을 매겨 판매를 할 것이다. '판매가-구매가=이익'이라는 등식을 완성하기 위해서다. 그러나 그가 파는 행위에 들어간 제반 비용을 다 감안하면 진짜 손해 보는 장사가 될 수도 있다. '판매가-물품구매가-여타 비용=이익 또는 손실'이란 측면에서 보면 손해 보는 장사가 이 세상에는 너무 많다는 것이다.

그런데 영업을 오래 한 사람도 '손해 보는 장사 없다'는 말에 강한 신념을 가지고 있다. 흔히 판매가와 구매가의 차이만을 생각하고 나머지 비용을 무시한 데서 오는 착오이다. 우선 점포의 임차 비용, 직원 인건비, 제반 관리비, 소모품 비용 등 장사를 위한 다양한 비용은 반드시 발생하기 마련이다. 이 비용을 얼마나 최소화시키느냐가 이익을 내느냐 못 내느냐의 갈림길을 만들어낼 때가 많다.

현실에 눈을 돌려 보면 영업을 하는 상점들이 폐업하는 비율이 너무 높음을 알 수 있다. 장사 해서 돈을 벌지 못하는 경우, 즉 '손해 보는 장사'를 하는 경우가 너무 많은 것이다. 오히려 '이익 내는 장사 별로 없다'가 진실에 더 가까운 말이다. 결국 '손해 보는 장사 없다'는 말은 공급자 중심의 시장에서 물건만 확보하면 돈이 되었던 초기 자본주의 시대의 산물임을 알 수 있다. 이미 공급자가 왕이던 시대는 오래 전에 끝이 났다. 소비자가 왕이 아니라 폭군으로 변한 시대에 이 말은 먼 우주의 이야기다.

영업인은 늘 거짓말을 한다

내가 처음 영업팀장이 되었을 때 나는 항상 계획을 과감하게 세웠다. 연간 계획을 세울 때면 늘 우리가 가야 할 당위성에 근거해서 계획을 세웠다. 그러다 보니 언제나 계획한 수치가 시장의 성장률보다 훨씬 큰 경우가 많았다. 막상 연말에 가보면 계획을 달성하는 경우도 가끔 있지만 의욕이 과해 목표를 달성하지 못할 때가 많았다.

월간 예상 실적도 마찬가지다. 늘 당위성에 기반해 만든 예측이었으니 큰 폭의 성장을 하더라도 예측치를 달성하지 못한 적이 더러 있었다. 그래서 나를 보고 '입만 열면 거짓말을 한다'고 손가락질하는 사람들도 있었다. 정말 듣기 싫은 말이었지만 그 말의 이면에는 영업에 대한 이해 부족이 상당한 자리를 차지하고 있다는 생각이 든다.

영업 부서장은 항상 사장으로부터 싫은 소리를 듣는다.

'이번 달도 예상 실적이 10%나 차질이 났군.'

'불과 일주일 만에 이런 큰 차이가 발생하나?'

'도대체 언제까지 이렇게 차질을 빚을 건가?'

매번 듣는 질책이지만 정말 미치고 환장할 일이 아닐 수 없다. 도대체 미래 예측을 어떻게 해야 이런 일을 피할 수 있을까?

영업은 늘 이런 딜레마에 쌓여 고민하고 또 고민하며 산다. 그러면 왜 영업은 맨날 엉터리 예측만 하고 사는가? 영업을 질책하는 사람은 영업 출신이 아닌 엔지니어 출신 경영자가 많다는 점을 알면 그 해답의 실마리가 조금 보일 것이다. 뭔 소리냐고?

엔지니어들의 세계는 영업인의 세계와는 전혀 다르다. 그들의 세계는 물리적 법칙이 통하는 세계이다. 변수를 일정하게 두고 변화를 주면 출력은 예상한 값으로 나온다. 그것이 자연과학의 세계다. 그런 정밀한 사고에 익숙한 경영자는 늘 영업인에게도 입력한 자원에 따른 정확한 예측치를 내어 놓기를 희망한다. 그런데 현실은 늘 그것을 배반한다.

왜? 영업의 세계는 변수들이 예측한 대로 얌전히 있지 않기 때문이다. '이번 달 예상 실적은 3억 원이다'라고 했다면 그 말에는 다음과 같은 내용이 생략되어 있다. '만약 이번 달의 제반 환경이 지금과 같다면'이라는 전제조건이다. 만약 실제로 결과가 3억이 나왔다면 예상했던 환경이 그대로 유지되었다는 뜻이다. 그러지 못했다면 그 환경 변수가 예측과 다르게 움직였기 때문이다.

영업을 하는 우리는 세상 변수를 다 예측하지 못한다. 최대한 정교하게 예측하기 위해 세계 뉴스도 보고, 기상 예측도 보고, 언제가 휴일인지도 확인하고, 정치 이슈나 이벤트도 챙겨 본다. 하지만 그것들만으로는 대체적 추세만 짐작할 수 있을 뿐이다. 절대로 미래에 발생할 일들을 정교하게 예측할 수는 없다. 따라서 그 사이에 변동이 발생하면 당초의 예측은 당연히 벗어날 수밖에 없다.

현명한 영업인이라면 어떻게 해야 할까? 항상 평균적인 오차율을 감안해서 가장 근사치를 제시해야 한다. 그래야 거짓말 집단이라는 오명을 벗을 수 있다. 목표와 예상은 최대한 보수적으로 접근하는 것이 옳다. 최대한 변수를 제거하고 보고해야 '입만 열면 거짓말'이라는 슬픈 이야기는 듣지 않을 수 있을 것이다. 영업 생활 10년을 지나갈 무렵부터는 영업 목표 설정이나 예측에서 크게 오차를 낸 적이 많지 않았다. 그것은 나의 예측력이 나아졌기 때문이 아니라 평균적 차질분만큼을 줄여서 예측을 했기 때문이었다.

영업은 숫자가 인격이라는 말을 듣는다. 숫자가 훌륭하면 괜찮은 영업인이지만 그렇지 않으면 형편없는 영업인으로 매도당한다. 여기서 말하는 숫자는 매출만을 의미하지 않는다. 매출은 물론 이익까지 포함해야 한다. 그것도 회사에서 요구하는 수준의 매출과 이익이다. 회사가 좋은 실적을 거두면 훌륭한 경영인이 뛰어난 리더십을 발휘하고 개발부서는 좋은 제품을 만들었기 때문이다. 하지만 회사가 좋지 않은 실적을 거두면 영업부서가 모든 죄를 송두리째 덮어쓰는 경우가 허다하다.

자원 절약은 무조건 선(善)이다

일을 하다 보면 원래 계획했던 결과가 나오지 않는 경우가 허다하다. 분명히 해야 할 일을 했음에도 불구하고 기대했던 결과가 전혀 나타나지 않을 때, 사람들은 이런저런 핑계거리를 찾는다. 그리고 이로 인해 책임추궁을 당하기도 한다.

무언가를 계획했을 때, 기대했던 결과가 나오지 않는 것은 두 가지 중 하나가 잘못되었기 때문이다. 처음부터 전략을 잘못 세웠거나, 전략은 좋았지만 실행을 잘못했을 경우다. 전략이 잘못되었다면 처음부터 다시 세워야 한다. 그런데 많은 경우 이보다는 실행의 잘못에서 연유하는 경우가 훨씬 많다.

실행의 잘못 중 가장 큰 것은 투입해야 할 자원을 필요한 수준만큼 충분히 투입하지 않아서 발생한다. 이런 경우가 경영 현장에서는 비일비재하다. 이른바 '페니 와이즈 파운드 풀 Penny Wise Pound Pool'이라고 하는 것인데, 작은 것을 아끼려다 큰 것을 놓치는 우를 가리키는 말이다.

어떤 변화를 일으키기 위해서는 일정 수준까지 다다른 힘이 필요하다. 이것이 '임계점'이다. 단단한 돌을 깨기 위한 최소한의 힘이 주어져야 그 돌이 깨어진다. 그 최소한의 힘이 되지 못하는 어떠한 충격도 변화를 만들어 내지 못한다. 그냥 에너지의 낭비만 발생할 뿐이다.

영업에서도 종종 이런 상황에 놓일 때가 있다. 광고 투자가 그 한 예다. 가령 한 시장에서 TV 광고를 통해 소비자의 변화를 가져오려면 50만 달러의 투자가 필요한데, 돈을 아낀다고 30만 달러만 쓰면 어떻게 될까? 원래 목표의 60%가 아니라 아예 효과가 나타나지 않는다. 경영자들은 이 사실을 너무나 쉽게 망각하고, 예산이 그 정도밖에 없으니 그것만 집행하라고 말할 때가 많다. 이래서는 원하는 결과가 절대 나올 수 없다.

그래서 나는 함께 일하는 친구에게 종종 말한다.

'그 일은 임계점이 얼마나 되나?', '얼마나 투입하면 최소한의 변화를 만들 수 있지?'

영업이든 경영이든 아니면 우리의 삶에서든, 임계점을 제대로 인식하는 일은 매우 중요하다. 그것에 맞게 돈을 쓰고 자원을 투입한다면, 최소한 내가 지출하는 비용이 무의미하게 낭비되는 일은 없을 것이다. 무조건 안 쓰고 아끼는 게 능사가 아니라는 것이다.

저 친구는 내가 키웠어

사람은 누구나 자신의 큰 영향력을 자랑하고 싶어 한다. 본능적인 자기 과시다. 이집트 속담에 '내가 성공하면 백 명의 아버지가 생긴다'는 말이 있다. 한 사람의 성공에 조금이라도 관여한 사람은 누구나 자신의 지원이 결정적인 역할을 했다고 믿는다는 것이다. 비슷한 경우가 또 있다. 조직에서 누군가 성공하면 '저 친구는 내가 키웠어'라는 말이 여기저기서 나온다는 것이다.

사업이든 조직이든 성공을 이루어낸 사람은 많은 사람의 협조와 지원을 이끌어낸 자이다. 그런 것들이 모여서 성공을 이룬다. 따라서 그것들을 효과적으로 이끌어낸 당사자의 역량이 우선 칭찬받아야 한다. 물론 누군가의 결정적인 지원이 있었을 가능성도 있다. 그럴 때 그는 이집트 속담 속의 '아버지'로 인정받아도 된다.

20여 년 전, 내가 처음으로 세탁기 수출팀장을 했을 때 10여 명의 멤버들이 있었다. 그 당시 우리 팀은 마케팅에 대해 처음으로 심각한 고민을 했다. 그래서 함께 마케팅의 기본을 익혔다. 우리가 도입했던 학습하는 조직은 그때 처음으로 만들어졌다. 그때 나는 멤버들에게 힘든 업무에 더하여 마케팅의 기본적인 이론 공부를 강하게 요구했다.

세월이 흘렀다. 당시 함께 했던 사람들 대부분이 성공을 거두었다. 임원으로 승진한 사람은 나를 포함하여 9명이나 되었다. 그 중에는 이미 지역 대표를 하는 사람도 있고, 사업부장과 영업 총괄, 그룹장이 된 사람도 있다. 그러나 나는 그들이 나 때문에 성공했다는 주장을 하고 싶지는 않다. 또 그것은 사실이 아니다. 그 당시 멤버들이 모두 열정적이고 총명했던 덕분이다. 그들은 정말 열심히 공부했고 영업 현장에서도 큰 성과를 냈다. 그럼에도 그들의 성공이 내게 큰 대리만족을 주는 것은 사실이다.

많은 사람들이 후진국에서 영업을 하는 것이 더 어려울 것이라 믿는다. 훨씬 더 불확실성이 크고 정치·경제적 리스크도 커서 위험에 노출되는 빈도가 높기 때문일 것이다. '선진국 장사가 더 쉽다'는 생각도 동일한 말이 된다. 그런데 정말 그럴까?

스위스를 여행하면서 그림같이 펼쳐진 호수와 알프스 산맥이 만들어내는 놀랍도록 장엄한 경관들을 감상했다. 마침 옆자리에 앉은 스위스인에게 여기서 평생 살면 얼마나 좋겠냐고 했더니 그는 이렇게 말했다.

"글쎄요, 매일 여기 살면 아름다운 경치는 더 이상 보이지 않지요. 그저 단조로운 삶만 계속되는 겁니다."

후진국은 분명 살아가는 환경이 힘들다. 그러나 제반 경쟁 환경이나 사회적 속박, 제약이 덜한 경우가 많다. 선진국의 반대이다. 살아가는 환경이 사업의 환경이 아니라는 것이다. 그림 같은 스위스에서의 삶이 단조로운 음악이 될 수 있는 것과 마찬가지로 열악하기 그지없는 후진국에서의 삶이 웅장한 교향곡으로 다시 태어날 수도 있다.

내가 경험한 대다수의 삶은 후진국에서 이루어졌다. 그런데 막상 후진국에서 살아보면 나름 재미가 있다. 무엇보다 인간관계가 후진국에서는 훨씬 깊이 있게 이뤄진다. 그때의 만남이 평생을 이어가는 경우가 많다. 또한 그곳에서는 선진국에서는 쉽게 누리지 못하는 상류 세계의 경험을 가질 수 있는 기회도 많다. 선진국에서는 만나기 힘든 정치, 경제계의 거물은 물론 사회 문화적 인물들도 훨씬 만나기기 쉽다. 이런 것들이 다 사업에는 플러스 요인이 된다.

우리나라는 후진국에 대한 편견이 강한 편에 속한다. 특히 아프리카에 대한 편견은 상상을 초월한다. 원래 편견이라는 것은 정보의 부족에서 비롯된다. 아프리카에 대해서는 단편적인 뉴스를 통해 이미지를 형성하는 경우가 많다. 그런데 그 뉴스는 하나같이 특이한 사건들로 이뤄져 있다. 그 결과 우리나라 사람들에게 아프리카는 질병, 내전, 빈곤, 기아, 집단 살해, 에이즈, 에볼라와 같은 엽기적인 사건들로 가득한 곳으로 인식되었다. 그런 아프리카에 근무하라고 하면 차라리 퇴사해 버리겠다는 말을 쉽게 하는 이유가 여기에 있다.

그런데 한국이라고 다른가. 불과 얼마 전까지만 해도 외국인들은 과격한 데모, 휴무 없는 일상, 어마어마한 경쟁, 인간이 만들어내는 온갖 재난들, 언제 터질지 모르는 전쟁 등 한국에 대해 극히 부정적인 이미지를 갖고 있었다. 이 또한 뉴스에 나오는 단편적인 정보 탓이었다.

우리가 후진국이라고 부르는 대다수의 나라가 다 그렇다. 차제에 우리는 한 나라에 대한 우리의 이해 수준이 어느 정도나 되는지 냉철하게 돌이켜 볼 필요가 있다. 그 나라에 대해서 종합적으로 공부하면 할수록 우리가 몰랐던 진면목을 발견하는 경우가 많다. 사업의 기회도 무궁무진하게 열려 있음을 발견할 수 있다.

재미있는 사실은 사람이란 게 얼마나 적응의 동물인가를 알고 놀랄 때가 많다는 것이다. 나오기 전에는 온갖 왜곡된 이미지로 고개를 흔들던 사람들이 몇 개월 살고 나면 어느 새 정이 들고 만다. 그래서 그곳을 떠나기 싫다고 다시 고개를 흔드는 경우를 나는 가는 곳마다 지켜보았다. 그곳이 아프리카의 콩고든, 케냐든, 내전 중인 이라크이든 마찬가지였다. 어디든 정들면 고향이라더니 적응력 강한 한국인에게는 후진국적 삶이 별로 문제가 되지 않음을 발견할 수 있었다.

골목 상점이 인간적이다

급속한 산업화와 도시화에 이어, 자본주의의 고도화가 진행되면서 사람들의 노스탤지어도 사라지고 있다. 가령 시골에서 농사를 짓는 농부는 순박할 것이라는 생각만 해도 그렇다. 땅의 가치를 알며 살아가는 농부는 많은 사람들의 이미지 속에 있는 그림이지 현실의 농부는 절대로 그런 모습이 아니다. 농사꾼이 모두가 선량할 거라는 생각은 공산주의자가 모두 새빨간 얼굴을 하고 있을 거라는 생각만큼이나 단순하고 위험하다.

대부분의 농사꾼은 도시에 사는 영세민 못지않게 삶의 온갖 풍상에 시달리고 매일매일 경제적 압박 속에서 살아간다. 그들도 안락하고 풍요로운 삶을 희구하지만 다른 대안이 없어 농사를 짓는 경우가 많다. 따라서 대다수 농민들은 우리의 이미지와는 달리 현실의 구차한 삶을 살아야 하는 생활인일 뿐이다. 귀농을 하는 사람들이 그들이 상상하던 농촌이 어디에도 없음을 깨닫는 데는 채 1년이라는 시간도 걸리지 않는 경우가 많다.

골목 상권을 지키는 사람들도 마찬가지다. 그들은 이미 체인점과 대기업의 침투로 몰락 직전에 있는 도시 난민의 처지에 몰려 있다. 그들에게 남은 것은 생존이라는 거대한 삶의 무게뿐이다. 이렇게 생존 문제를 현실적으로 안고 있는 사람에게 넉넉한 인성을 기대하는 것은 오히려 비극에 가깝다.

후진국에는 여전히 전통적 유통이 많다. 그러나 그들도 쓰러지기 직전의 앙상한 고목을 닮아 있다. 모두가 죽기 직전에서 자신을 구해줄 구세주를 찾는 심정으로 물주를 찾는다. 그러나 그런 구세주는 없다. 가진 것이라고는 악다구니밖에 없는 그들은 결국 공급자에게 갚아야 할 외상 매입 대금을 떼어 먹으며 하루하루를 버티고 있다.

그들이 선할 것을 기대하는 것은 순진한 것이 아니라 어리석은 것이다. 우리가 사업을 추진하면서 만나게 되는 이런 영세 골목 상인들은 나를 슬프게 한다. 그렇다고 우리가 해줄 수 있는 일은 거의 없다. 그들 대다수는 우리와 직거래를 하지 못하고 있다. 도매상을 통해 물건을 받으며 외상 거래라는 신용을 통해 근근이 살아갈 뿐이다. 가끔 우리 제품을 더 잘 팔 수 있도록 점포를 고쳐주는 등 도움을 주는 경우가 있다. 물론 가능성을 보이는 업체의 경우에 한해서다.

맹자가 그런 말을 했다. '항산(恒産)이 있어야 항심(恒心)이 있다.' 꾸준한 벌이가 있어야 꾸준한 마음씀씀이도 있다는 의미이다. 사업을 함께 하는 파트너라면 상호간에 최소한의 이익은 누릴 수 있도록 해주어야 사업적 관계가 유지될 수 있다는 의미로 이해하면 될 것이다.

대기업에서
임원으로 산다는 것

영업을 한다는 것

나는 30여 년 동안 영업만을 해왔다. 그것도 거의 모든 시간을 해외 시장에 전념하며 살아왔다. 그리고 내가 속한 기업은 지난 수십 년의 세월 동안 죽음의 계곡이라는 가장 치열한 전쟁터에서 살아남은 몇 안 되는 사업체다. 나는 그 사실에 큰 긍지를 갖고 있다. 이제는 생존뿐만 아니라 고객에게 더 많은 가치를 돌려주기 위해 노력하는 회사를 보며 때로 벅찬 감동을 느끼기도 한다.

한 회사의 생존은 궁극적으로 판매에 달려 있다. 시장에 제공하는 상품이 잘 판매되어야 생산도 있고, 개발도 있으며, 회계와 인사도 있다. 그런 의미에서 영업이야말로 기업의 가장 중요한 일이다. 기업체가 존재하는 한 이것만큼은 변하지 않는 사실이 될 것이다. 따라서 기업의 모든 전략은 궁극적으로 영업이 잘 되도록 배치되고 구조화해야 한다.

그런데 현실은 어떤지 모르겠다. 혹 영업이 노예 계급으로 전락하여 회사의 어려움을 몽땅 뒤집어쓰고 있는 건 아닌지? 가장 기피하는 곳이 되어 있지는 않은지? 영업이 제대로 존중받지 못하는 조직은 장기적으로 성공할 수 없다. 영업이 더 잘 되도록 충분한 투자와 자긍심을 안겨주는 기업이 진정으로 성공하는 조직이 될 것이다.

따라서 경영의 시작도 영업이다. 당연히 혁신의 시작도 영업이어야 한다. 4차 산업 혁명이 진행되고 있는 현대의 경영은 자칫 기술과 R&D 중심으로 경영 자원을 집중할 수 있다. 새로운 시대의 광풍을 피해 생존하고 성장하기 위해서 그러한 투자를 도외시할 수는 없을 것이다. 그렇다고 해서 영업에 대한 관심과 투자를 소홀히 하면 4차 산업 혁명이 오기도 전에 회사가 훨씬 더 큰 어려움을 겪을 수 있다는 사실을 알아야 한다. 사업의 핵심은 판매에 있다는, 너무나도 단순하지만 강력한 진실이 기업을 하는 한 피할 수 없는 숙명이기 때문이다.

대한민국에는 약 1,700만 개의 직업이 있다. 이 중에서 직접적으로 영업에 종사하는 사람이 약 절반 수준이다. 물론 여기에는 자영업을 하는 사람도 포함되어 있다. 8백만의 영업인들은 오늘도 영업 현장에서 건곤일척의 자세로 목숨을 건 싸움을 하고 있다. 그들 중 더러는 이기기도 하고 또 많은 이들은 패배의 쓰라림을 곱씹게 될 것이다. 모두에게 이길 것이라 말을 할 수는 없지만, '화이팅'이라는 말과 함께 격한 박수와 존경의 마음을 건넨다.

세상에 윈-윈은 존재하는가?

종종 우리는 거대 기업 간의 합종연횡 소식을 듣는다. 그 중에서 전략적 동맹을 통해 윈-윈의 협력을 도모하기로 했다는 말을 흔히 듣는다. 그런데 내가 존경하는 어느 경영자는 '세상에 윈-윈은 존재하지 않는다. 윈-로쓰만 존재할 뿐이다'고 극단적인 말을 한 적이 있다. 그만큼 세상에서 윈-윈의 공식을 만들어내기는 쉽지 않은 것이 사실이다.

영업에서 이 말을 사용하는 것은 거래선과 협상을 진행하면서, 양측 모두에게 이익이 있음을 이야기할 때 주로 인용된다. 그러나 이 말을 쓰는 사람은 주로 더 많거나 일방적인 이익을 보는 쪽이다. 그나마 상대방에게 떡 한쪽이라도 던져주면서 기분 나빠하지 말라는 것이다.

거래에서 공정하기란 참 어렵다. 인간의 이기적인 심리 때문이다. 협상을 할 때 사람들이 느끼는 심리는 다소 독특하다. 누군가 협상할 때 가지는 인간의 심리를 이렇게 말했다.

"내가 아주 공평하다 느끼면, 상대는 조금 양보를 했다고 느낀다. 내가 조금 득을 봤다고 느끼면, 상대는 큰 손해를 봤다고 생각한다. 결국 내가 조금 손해를 본다고 느껴야 상대는 상당히 형평성 있게 거래가 이뤄졌다고 생각한다."

새겨들어야 할 말이고, 협상에서 견지해 볼 필요가 있는 자세이다. 결국 진정한 윈-윈은 존재하기가 어렵다. 내가 그렇게 생각하면 상대는 윈-로쓰로 인식하기 때문이고, 반대로 상대가 공평하다 느끼면 내가 로쓰-윈으로 인식하기 때문이다.

그런데 나는 조금 생각이 다르다. 그 거래로 인해 다른 곳보다 더 큰 이익을 보거나, 최소한 동일 수준의 혜택이 있으면 그 거래는 잘된 거래라고 생각한다. 그리고 그 거래를 통해 상대가 누리는 혜택이 우리 아닌 다른 업체가 주는 것보다 크다면 양자는 윈-윈의 거래를 했다고 본다. 결국 누가 더 큰 이익을 보느냐가 아니라 그 거래를 다른 업체와 했을 때보다 상호 간에 느끼는 혜택이 큰지 작은지가 문제라는 것이다.

따라서 내가 보기에 윈-윈은 분명 존재한다. 그것은 반드시 등가일 필요가 없다. 오히려 등가를 주장하는 것이야말로 협상을 깨는 지름길이 된다. 심지어 손실을 볼 때도 있다. 단지, 그 손실이 다른 거래를 할 때보다 더 적은 규모라서 전략적으로 감수하는 것이 낫다는 전제가 필요할 뿐이다.

영업을 하는 사람은 항상 윈-윈의 거래를 만들어낼 줄 알아야 한다. 모든 거래에서 상대방이 만족하고 나도 만족한다면 그만큼 좋은 거래가 어디 있을까? 그러기 위해서는 상대방이 필요로 하는 것이 무엇인지를 정확하게 파악하는 한편, 내가 제공하는 가치에 대해서도 정확히 알 필요가 있다. 내가 제공하는 가치는 받는 사람의 상황이나 입장에 따라 다르기 때문이다. 그래서 상대방의 입장에서 바라본 내 제안의 가치를 얼마나 객관적으로 볼 수 있는지가 협상에서의 핵심이 된다.

사업을 한다는 것

세상에는 아름답고 숭고한 일이 많다. 그런데 그런 일을 하면서도 과소평가 받고 있는 사람들이 더러 있다. 우리가 생존할 먹을거리를 재배해서 공급해주는 농부가 그렇고, 신선한 생선을 공급해주는 어부가 그렇다. 이 세상의 모든 물건을 한 곳에 모아놓고 공급해주는 유통업체들도 그렇다. 어디 그뿐이겠는가. 우리가 받는 모든 대중교통 서비스가 그렇고 휴대폰의 통신망 공급자도 그렇다.

사업을 한다고 하면 엄청난 부를 쌓으며 돈으로 사람을 평가하는 사람을 연상하는 경향이 있다. 그런데 사업을 하면서 실제로 돈을 버는 사람은 많지 않다. 물건을 공급만 하면 팔리던 '공급자 시장'에서는 그럴지 몰라도 '소비자 왕의 시대'가 도래한 요즘에는 그렇지가 않다.

소비자로부터 선택받는다는 것은 그들로부터 가치를 인정받는다는 말과 같다. 더구나 손익 분기점을 넘어 이익을 냈다는 사실은 훌륭하게 경영을 했다는 것을 의미한다. 그러면 그 회사가 고용한 종업원들은 직장을 유지하면서 안정적으로 가정을 꾸리게 된다. 그 회사에 납품을 하는 업체들도 마찬가지다.

또 회사가 운영된다는 것은 그 종업원들이 내는 소득세, 기업의 이익에서 내는 법인세, 제품의 판매 단계마다 부과되는 각종 부가가치세 등, 다양한 형태의 세금이 정부에 돌아간다는 걸 의미한다. 이것은 중앙 정부와 지방 정부의 지출을 위한 재원으로 충당된다.

한마디로 기업이 건전하게 흑자를 내면서 운영된다는 것만으로도 기업은 그가 속한 사회에 엄청난 공헌을 하는 것이다. 이런 공헌을 잊고 기업 위에 군림하려는 공무원들의 작태나, 권력자들의 횡포는 비난받아 마땅하다. 기업이 가진 경쟁의 어려움은 모른 채 온갖 부담을 지우는 일도 반성해야 한다.

기업을 하는 사람은 매월 다가오는 월급날이 무섭다고 한다. 한 달이 그렇게 빨리 오는지 몰랐다고 한다. 월급날 직원들에게 시간에 맞추어 월급을 주고나면 그렇게 뿌듯하고 홀가분할 수 없다는 말을 들으면 나도 모르게 고개가 숙여진다.

요즘 재벌가의 자식들은 부모가 일군 사업을 상속받기 꺼려한다는 말을 듣는다. 그냥 돈이나 건물로 물려받아 스트레스 없이 편하게 살고 싫어 한다는 것이다. 창업을 하는 사람도 급격히 줄어들었고, 사업을 상속받기도 싫어하는 시대가 된 것이다. 이런 시대에 기업을 운영하는 사람들이야말로 진정한 애국자다.

새로운 정권이 탄생했다. 이전과는 확연히 차이가 나는 세상이 올 것이라 생각한다. 일자리를 늘리겠다는 공약을 하였고 그 구체적인 방법도 제시되었다. 그러나 가장 원천적인 일자리 확대 방법은 기업하기 좋은 문화, 창업하기 좋은 문화, 실패를 해도 너끈히 재기할 수 있는 풍토와 분위기를 만드는 것이다. 이를 위해 정부 차원에서 제도적 장치를 마련하고 지원해 나간다면 훨씬 빠른 시간 내에 큰 효과를 낼 수 있다고 생각한다.

대기업에서 임원으로 산다는 것

2006년 초, 단말기 사업본부의 영업 총책을 맡고 있던 B부사장이 우크라이나로 출장을 왔다. 초콜릿폰에 이어 샤인폰으로 명명된 최초의 메탈폰을 출시하는 이벤트를 위해서였다. 행사가 성공적으로 진행된 뒤 언론 인터뷰에 이어 직원들과의 저녁 식사 시간이 있었다.

그때 나는 회사의 글로벌 전략을 수행하는 해외 법인의 어려움을 토로하며 이런 이야기를 한 일이 있다. 목표 달성을 독려하는 본사의 매서운 회초리가 등짝을 갈기는데 시장은 생각보다 천천히 움직여 너무 힘들다는 이야기였다. B부사장은 웃으며 말했다.

"류 법인장, 정말 힘들지요. 사실 모든 임원들 웃통을 벗겨 보면 회초리 자국에 빈틈이 없을 겁니다."

은유였지만, 대기업 임원에게 가해지는 엄청난 실적 압박과 스트레스를 잘 표현한 대답이라고 생각한다.

임원은 매년 계약을 맺는다. 1년짜리 삶을 매년 사는 것이다. 실적을 내지 못하면 재계약이 되지 못한다. 어떻게 보면 가혹한 조건이다. 그럼에도 그런 임원이 되려고 온갖 노력을 기울이는 엘리트들은 넘쳐난다. 그래서 많은 임원들은 불안에 떤다. 실제로 임원의 수명은 평균 3~4년밖에 되지 않는다.

따지고 보면 임원이라고 해서 직원들과 별반 다르지도 않다. 직원 중에서 좀 뛰어난 능력이 있다고 해서 임원이 되었는데, 그 능력이란 게 갑자기 일취월장하는 게 아니다. 그런데도 보직 유지에 대한 위험성은 터무니없이 증가한다. 임원이 되기 전의 처우 대비 상당 수준의 연봉 개선이 있는 건 사실이지만, 그것을 감안하더라도 직장 자체를 버려야 하는 위험과는 비교되지 않는다.

물론 나는 좋은 조언자를 만나 재계약에 연연하지 않고 일할 수 있었다. 내가 아프리카 영업 담당으로는 최초로 임원이 되었을 때 나의 멘토 A지사장이 전화를 걸어온 일이 있었다. 그는 수화기 너머에서 이런 말을 들려주었다.

"이제 출세는 다했다 생각하고, 성과 더 내겠다고 아웅다웅 하지도 말고, 내일 목 날아갈까 노심초사 하지도 말고, 조금 천천히 여유를 갖고 가는 거야. 설령 내일 잘린다 할지라도 '이 촌놈 이만큼 출세시켜 주어 감사합니다'하고 나갈 자세로 일하라고."

나는 회사에서 일하는 동안 한번도 그의 조언을 잊은 적이 없었다. 그의 말에 따라 행동하면서 나는 늘 당당했던 것 같다. 그러면서도 마음 편히 일할 수 있었다. 그의 조언은 어떤 상황에서도 나를 나답게 만드는 소금 같은 역할을 했다. 게다가 나는 임원에게 주어진 정년을 끝까지 채웠으니 행운아라고 할 수 있을 것이다.

대기업의 영업 임원으로 산다는 건 그런 것이다. 퍼부어지는 채찍질과 간신히 유지하는 마음의 평화 사이에서의 위태로운 줄타기. 상상할 수도 없는 스트레스에 빠져 살지만 기업을 경영하고, 함께 하는 직원들의 생존과 성장을 지원하는 리더로서의 역할. 야전에서 적과의 전투를 지휘하며 승리를 일구어 내는 현장감을 만끽하는 그런 자리.

아쉬움이 없다면 거짓말이겠지만 그런 임원 생활을 통해 나는 내 자신이 한 단계 더 성숙한 인간으로 성장했음을 느낀다. 그것은 내가 앞으로 무슨 일을 하든 가치 있는 자양분으로 작용할 것이다.

대기업의 임원 경험은 어쨌든 내 인생의 결실이자 하이라이트의 하나였다. 나는 그 빛이 비쳐주는 앞길을 걸으며 아직 미지로 남아 있는 내 삶의 나머지 부분을 탐색할 예정이다. 그리고 먼 훗날 인생의 종착역에서 스스로의 삶을 평가하는 가운데 '힘들고 괴로웠으나 그 모든 것이 아름다웠노라' 말할 수 있다면 그것으로 만족할 수 있을 것 같다. 그러기 위해 오늘도 열심히 싸워나갈 생각이다. 극진영업의 세계는 아직 끝나지 않았다.

비즈니스
인사이트

영업은
전략이다

너 자신을 알라

영업의 성공은 전략을 얼마나 제대로 짜느냐에 달려있다. 전략에 대한 모든 이야기는 '나를 알고, 적을 알고, 시장을 알라'고 말한다. 맞는 말이다. 그런데 이 세 가지 중 가장 중요한 것은 나를 아는 것이다. 전략을 짜는 나는 어떤 지위에 있느냐를 제대로 알아야 제대로 시장을 공략할 수 있다.

일반적으로 나의 지위는 세 가지 중의 하나이다. 시장의 리더 즉 선도자이거나, 시장의 추종자, 아니면 신참자이다.

선도자

먼저 선도자의 전략은 호시탐탐 자신의 지위를 노리며 도발해 오는 경쟁자들이 감히 대항할 힘을 가지지 못할 수준으로 제압하는 것이다. 레반트에서 우리가 취했던 전략이 바로 그러한 것이었다. 이라크와 시리아에서 50% 이상의 압도적인 시장 점유율을 갖고 있었던 우리는 그것을 장기화하고 구조화해 나갈 전략을 구사했다. 남들은 서비스 센터도 제대로 갖추지 못했을 때, 이미 우리는 고객 집을 직접 방문하는 시스템을 구축하는 한편, 직영 판매점을 구축하는 등 남과 확연히 다른 전략을 구축했다. 그 결과 그 지역에서 우리 회사가 취하는 점유율은 지속적으로 유지, 강화될 수 있었던 것이다.

선도자는 부단히 자신과의 싸움에서 이겨야 한다. '영원한 일등은 없다'는 말이 있다. 만고의 진리이다. 그러나 영원하지는 못해도 오래가는 일들은 가능하다. 일등의 지위는 추종자들의 도전을 넘어서야 하며 그러기 위해서는 부단한 자기 혁신을 해야만 한다. 혁신을 통해서 새로운 목표를 정하고 스스로 도전하는 자세를 갖추어야 한다.

GE는 일등이 되면 스스로 자신이 속한 시장을 '재정의'한다고 한다. 그래서 자신의 점유율을 새로 정의한 시장에서 훨씬 더 작은 것으로 재인식시키고, 새롭게 정의된 시장에서 1위를 목표로 하는 새로운 전략을 짠다. 그것이 기업의 역사 120년의 GE로 하여금 여전히 초일류 기업으로 거듭나게 하는 원동력이 되었다.

추종자

추종자로서의 전략은 선도자와는 전혀 다르다. 먼저 선도자의 약점을 파악해야 한다. 이 세상에 약점이 없는 조직은 없다. 가만히 분석해 보면 일견 막강해 보이는 적도 자신들의 약점을 교묘히 위장하고 있을 뿐이지, 완전무결한 회사는 없다. 일단 적의 약점을 파악했으면, 모든 자원을 집중하여 그것을 공격하는 것이 전략이어야 한다. 그러면 반드시 적은 무너진다. 문제는 충분한 자원을 투입해서 적의 약점이 제대로 노출될 수 있는 수준까지 가야 한다는 것이다. 여기서 중요한 것은 만약 이 정도의 자원을 투입할 수준이 아니면 절대 공격하지 말아야 한다는 것이다. 어설프게 건드려서 적으로 하여금 그 약점을 보완하게 하거나, 공격을 다른 곳으로 돌려놓게 해서는 안 된다.

우크라이나에서 추종자의 지위에 있었던 우리는 시장 선도자의 약점을 파악했다. 완벽해 보였던 그들의 광고 전략에서 약점을 파악했던 것, 프리미엄 시장을 놓치고 있다는 것, 그리고 지방 판매에 문제가 있다는 사실을 파악하고는 그것을 깨뜨릴 수단을 강구해 시장 석권이라는 대업을 이루었다.

나이지리아에서도 마찬가지였다. 시장의 선도자였던 일본 기업의 약점은 현지 경영이 없다는 점이었고, 우리의 전략적 출발점은 바로 거기서 시작했다. 라고스로의 법인 이전, 7개 국가에 영업 지점의 설치, 현지 서비스망의 구축, 현지 밀착 마케팅으로 진행된 현장 경영은 일본을 아프리카에서 몰아내고 우리로 하여금 시장의 지배자가 되게 했다.

신참자

신참자 역시 완전히 다른 전략을 구사해야 한다. 신참자는 먼저 생존의 전략을 구사해야 한다. 생존하기 위해서는 어떠한 싸움도 피하고 적이 나를 경쟁자로 인식하기 전에 빨리 생존의 터전을 마련하는 게 최우선 전략이다. 씨앗이 뿌리를 내고 성장할 수 있는 기반을 마련해야 한다. 그러기 위해선 우선 생존할 수 있는 땅을 잘 골라야 한다. 영업에서의 땅은 제품 전략과 유통 전략이다. 선택한 제품과 선택한 세그먼트에서 살아남기 위한 전략을 구사해야 한다.

수많은 기업이 신사업에서 실패하는 이유는 자신의 신참자 신분을 잊고 추종자 전략이나 심지어는 선도자 전략을 구사하기 때문이다. 내가 주도한 미국 시장 청소기 진출 작전이 실패한 이유도 신참자 전략이 아닌 추종자 내지 선도자 전략을 구사했기 때문이다. 우리 회사가 휴대폰 시장에서 어려움을 겪는 이유도 신참자 전략을 제대로 구사하지 못하기 때문이 아닐까 하는 생각도 든다.

모든 벤처기업은 대개 신참자로 출발한다. 이때 가장 중요한 전략은 아무도 모르게 나만이 생존할 수 있는 작은 공간을 찾는 데서 구해야 한다. 그것을 잊는 순간, 실패라는 징벌이 가혹하게 다가온다는 사실을 반드시 기억해야 한다.

3C분석과 4P전략도 마찬가지다

우리는 전략을 세울 때 3C분석이라는 것을 한다. 고객^{Customer}, 경쟁^{Competitor} 그리고 자사^{Company}를 분석하는 틀로 3C분석을 한다. 고객에서 유통^{Channel}을 분리시켜 4C분석이라고도 한다. 여기서 말하는 고객은 거시적으로 PEST(정치, 경제, 사회, 기술)의 변화, 시장의 미시적 변화, 고객의 기호 변화를 통틀어서 크게 어떠한 기회와 위협이 존재하는지를 분석해 보는 관점이다.

보통 경쟁사와 자사 분석은 그가 확보하고 있는 자원에 대한 강점과 약점을 분석해 보는 수준이다. 이 분석을 통해서 전략적 의미를 도출하고 찾고자 하는 전략을 설정하는 것이다. 이 과정에서 흔히들 시장에서 차지하는 자사의 지위를 제대로 파악하지 못하고 전략을 세우는 경우가 많다. 그러면 이기는 전략이 나오기 어렵다. 정확히 자신의 지위를 파악하고 가야 할 기본적인 방향이 정해져야 훨씬 더 명확한 전략이 나올 수 있다는 말이다.

영업을 하는 우리의 전략은 소위 말하는 4P전략이다. 제품 전략Product, 가격 전략Price, 유통 전략Place 그리고 촉진 전략Promotion이 그것이다. 조직 전략People을 포함해서 5P전략이라고도 한다. 그러한 전략도 내가 시장의 선도자냐, 추종자냐 아니면 신참자냐에 따라 확연하게 달라지게 될 것이다. 전략을 수립할 때 나는 항상 이러한 '나의 입장'을 매우 민감하게 적용했고, 그 결과 많은 경우 성공할 수 있었다.

선점
하라

선점자란 누구인가?

알 리스와 잭 트라우트는 불멸의 명저 《마케팅 불변의 법칙》에서 비즈니스 세계에서 '최초'가 되는 것의 중요성을 설파한 것으로 유명하다. 이 책의 주장을 한 줄로 요약한다면 '선점하라'이다. 이런 주장은 소비자의 기억·심리 효과에 기반한 것이다.

소비자는 제품에 대한 최초의 정보를 입력한 뒤에는 인지 장벽을 쳐 기억의 효율성을 높이려 한다. 기억을 위한 에너지를 분산시키기보다는 집중시키는 편이 정보를 입력하고 꺼내 쓰는 일에 훨씬 효율적이기 때문이다. 따라서 소비자에게 두 번째, 세 번째 정보의 가치는 현격히 떨어질 수밖에 없다. 우리가 경쟁하는 마켓은 실제의 시장이 아니라 30센티미터도 안 되는 소비자의 머릿속이라는 주장은 그렇게 해서 나왔다.

그런데 세상 사람 모두가 최초가 되는 행운을 누릴 수는 없다. 그럴 때는 어떻게 해야 하는가? 두 사람은 시장을 새롭게 나누어서라도 최초가 될 수 있는 영역을 찾고 거기서 맨 처음이 되라고 말한다. 소비자가 기억하지 못하는 2등, 3등의 영역이 아니라, 스스로 찾아낸 영역에서 1등을 하는 것이 마케팅 세계에서는 사활을 가르는 중요성을 갖는다는 것이다.

이들의 주장이 나온 지는 벌써 20년이 훨씬 넘었지만 그 가치는 여전하다. 치열한 경쟁의 세상에서 누구나 자기만의 영역을 소유하고, 소비자의 기억 속에 선명하게 자리 잡으려는 노력은 점점 더 중요해지고 있기 때문이다.

그러면 '선점자'란 누구인가? 남이 미처 발견하지 못한 시장, 알고는 있지만 제대로 공략하지 못하고 있는 시장에 남보다 앞서 진입하는 사람, 바로 그가 선점자이다. 혹은 선발 주자의 약점을 공략하여 기존의 영토를 새로운 방식으로 재구성해 낼 수 있는 존재이다. 기존의 플레이어가 더 이상 기득권을 유지하지 못하도록 게임의 규칙을 바꿀 수 있는 사람이라는 것이다. 시장에서 벌어지는 모든 전쟁과 역사의 본질은 사실상 '선점'이라는 이 두 마디 단어 속에 담겨 있다.

북아프리카 시장에서 우리가 성공할 수 있었던 것은 철저하게 선점자의 전략을 추구했기 때문이다. 남들이 구사하던 시장 대응 전략에서 과감하게 탈출하고, 처음으로 새로운 가치를 제안했기 때문에 우리는 시장의 선택을 받을 수 있었다. 오랜 시간을 시장에서 군림하던 선주자들은 한결같이 우리의 새로운 선점 방식에 쓰러졌고, 우리는 시장의 새로운 강자가 될 수 있었다.

선점은 STP에서 시작한다

마케팅에서 새로운 영역을 찾는 활동은 STP에서 시작되고 STP에서 끝난다. 시장 세분화^{Segmentation}, 목표 시장 설정^{Targeting} 그리고 지위 설정^{Positioning}이 바로 그것이다. 대학에서 마케팅을 배울 때 우리는 너무나 빠르게 이 STP 부분을 훑고 지나간다. 그러나 내가 사회에 나와 마케팅을 하면서 느낀 것 중에서 가장 중요한 것이 바로 이 STP였다고 생각한다. 혹시 내가 대학에서 강의를 하게 된다면 나는 이 부분에서 오랜 시간을 보내며 학생들에게 STP의 중요성을 깨우쳐 줄 것이다.

시장 세분화로 시장을 분할해 내는 능력이야 말로 선점의 알파요 오메가라고 할 수 있다. 세부 시장을 찾아서 소비자의 충족되지 못한 욕구를 찾아낸다면 그곳이 바로 시장의 신참자가 새롭게 착지하여 뿌리를 내릴 수 있는 곳이다. 오랫동안 시장에서 영업을 한 사람들은 이런 미충족 세부시장을 쉽게 찾을 것 같지만, 의외로 그렇지 못한 경우가 많다. 오히려 그런 사람이 기존의 관행에 젖어 간과하는 경우가 더 많다. 그래서 신선한 생각과 눈을 가진 사람이 필요한 것이다.

시장을 가격 중심으로만 보는 것은 세부 시장을 찾는 사람이 가져서는 안 되는 첫 번째 자세이다. 소비자의 다양한 욕구를 제대로 이해하면 시장에 대한 이해는 훨씬 더 빨리 다가온다. 그래서 시장을 죽어라고 방문하고, 판매 사원과 수시로 면담하고, 소비자들의 사용 경험을 듣고 또 듣는다. 그러한 현장 방문과 더불어 끊임없는 분석과 사고력이 결합되면 나의 표적 시장은 어느 결에 홀연히 나타나게 될 것이다.

세부 시장 속에서 표적 시장이 정해지면 그 표적 시장에 어떠한 포지셔닝으로 진입을 해야 하는지를 결정해야 한다. 핵심은 우리 브랜드의 일반적인 지위와 이것을 얼마나 일관성 있게 배치할 것이냐에 달려 있다. 소비자가 인지하는 브랜드 지위와 격차가 클수록 판매 성공률은 떨어진다. 물론 소비자의 인지보다 더 높게 설정했을 경우다.

선점자에게 주어지는 과실은 크다

동네 싸움에서 먼저 주먹을 휘두른 자가 이긴다. 실제로 경기에서도 먼저 골을 넣은 팀이 이기는 경우가 많다. 영업의 현장에서도 마찬가지다. 먼저 시장에 진입을 한 자는 시장의 가장 맛있는 부위를 먹는다. 선점의 효과는 경쟁사들이 하나둘 들어와 치열한 정글의 법칙이 적용되는 순간까지 계속되는 경우가 많다.

실제로 이집트 시장에서는 시장이 완전히 변화하기까지 무려 8년의 세월을 우리가 그 선점의 과실을 맛보았다. 리비아 시장에서의 선점 이익도 6년 이상 계속되었고, 알제리 시장에서의 선점 역시 새로운 환경으로 바뀔 때까지 5년 이상 지속되었다. 돌이켜보면 북아프리카의 거의 모든 시장에서 우리는 이전의 경쟁자들이 하지 못한 가치 제안을 통해 오랫동안 시장의 선점자가 될 수 있었고, 그것이 주는 이익을 만끽했다.

그러나 경쟁이 격화되면서, 더 이상 한순간의 선점만으로 이전처럼 오래 기간 시장을 즐길 수 없는 시대가 찾아왔다. 이제는 새로운 시장을 선점하면 아주 짧은 시간 동안 남들보다 약간 더 이익을 향유하는 수준으로 환경이 바뀐 것이다. 온 사방에 도사리고 있는 경쟁사들이 더 이상 우리만을 위해 그 시장을 내팽개치고 있지 않기 때문이다. 특히 중국 업체의 베끼기가 도를 넘은 지금은 더욱 그렇다.

핵심 역량은
영업에서도 통한다

선점했다면 핵심 역량으로 지켜라

유성의 빛과 궤적은 매우 아름답다. 그러나 단 몇 초 뒤의 하늘에도 유성의 흔적은 더 이상 없다. 마찬가지로 시장의 승리자로 반짝하다가 사라진 기업도 셀 수 없이 많다. 시장에서 한 번 이긴다고 그게 다는 아니라는 이야기다.

짐 콜린스는 《좋은 기업을 넘어 위대한 기업으로》라는 책에서 이렇게 말한다. '좋은 상품을 만드는 것에 집중하지 말고, 위대한 상품을 지속적으로 만들어내는 시스템을 가진 회사를 만들라'고 말이다. 결국 시장의 진정한 승자는 한 번 이기는 것이 아니라, 지속적으로 성공을 이끌어갈 수 있는 조직이다. 30년 전 위대한 기업의 생사를 오늘의 경제 지도에서 확인하는 일이 경제 기사의 단골 메뉴로 심심찮게 오른다. 이 역시 지속성의 중요함을 드러내는 하나의 예로 볼 수 있을 것이다.

지속하지 못하는 기업은 의미가 없다. 그래서 기업들은 저마다 기를 쓰고 그 방법을 찾아내기 위해 노력한다. '핵심 역량'이라는 키워드가 엄청난 중요성을 가지고 등장한 것도 바로 그 때문이다. 핵심 역량이란 한 기업의 경쟁력의 원천으로 쉽게 모방하지 못하는 그만의 특화된 역량을 말한다. 이 핵심 역량은 어떠한 어려운 상황에서도 기업의 생존과 성장을 담보해 내는 무술인의 필살기와 같은 것이다. 적어도 죽지는 않게 만들어준다. 그런가 하면 기업의 순위를 글로벌 차트의 맨 앞자리로 이끌기도 한다. 생존과 성장의 지렛대이다.

차별화는 모든 기업의 필수적인 생존 방식이지만, 대다수의 차별화는 경쟁사들에 의해 쉽게 모방가능하다. 그래서 차별화로 선점 효과를 낼 수 있지만, 그것이 장기적인 힘을 발휘하기 위해서 필요한 것이 있다. 나만의 차별화 수준을 획기적으로 높여야 오랫동안 빛을 발휘할 수 있다는 것이다.

우크라이나에서 우리 영업의 핵심 역량은 RMC^{Regional Marketing Center}(지역 마케팅 센터)였다. 핵심 역량의 정의가 그렇듯 이러한 RMC도 하루아침에 만들어지지 않았다. 하드웨어라고 할 수 있는 조직의 구축은 어려운 것이 아니었다. 그 구성원을 제대로 훈련하고 전문가로 육성하는 일이 어려웠다. 그렇지만 이 또한 누구나 할 수 있는 일이었다.

RMC의 핵심은 그들이 실전에서 역량을 발휘하고 그것으로 인해 생산적인 결과를 만들게 하는 일이었다. 또 그 결과를 정확하게 평가에 반영하고 잘된 것은 전파하는 한편 잘못된 것은 창조적 반성을 통해 재발하지 않는 시스템을 개발하는 것이었다. 그래서 경쟁사가 우리 요원을 스카우트하는 일이 발생해도 우리의 전력에는 큰 영향을 미치지 못할 뿐만 아니라, 그 경쟁사에서 우리와 같은 RMC를 단시일 내에 카피할 수 없도록 만들 수 있었다.

레반트 영업에서의 핵심 역량은 이라크와 시리아에 세워진 브랜드숍과 현지에 세운 직영 서비스체제였다. 브랜드숍의 존재는 판매를 전부 유통업체에만 맡기지 않겠다는 의미이기도 했다. 실제로 이라크와 시리아에서 백여 점의 브랜드숍이 세워지면서 유통과의 힘겨루기에서 오히려 역전 현상이 발생했다. 매출의 구성에서도 프리미엄 제품의 판매 비중이 확대되어 이익도 더 늘릴 수 있었다.

여러 가지 이유로 경쟁사는 브랜드숍을 우리처럼 강력하게 전개할 수 없었다. 그것은 조직의 문화와 전략의 차이 때문이었을 것이다. 브랜드숍은 결과적으로 우리가 현지의 불확실한 사업 환경 속에서도 판매의 예측을 높이는 기본적인 역할을 통해 안정적인 제품 공급을 할 수 있도록 해주었다. 나아가서는 일반 유통이 원하는 저가격 중심의 판매가 아닌 고부가가치 중심의 판매로 나가게 해주었다.

더욱 중요한 것은 서비스에 대한 과감한 투자와 방문 서비스라는 특별한 서비스의 실현이었다. 서비스란 개념이 아예 존재하지도 않던 시장에 브랜드 직영의 서비스 센터를 세우고, 전국적으로 서비스 지점을 세워 고객들로 하여금 전화 하나로 서비스를 받게 하는 이 전략은 소비자들에게 복음과 같은 소식이었다. 더구나 그곳이 테러와 폭력이 범벅이 된 현장이었다면 그것이 주는 강력함은 남다를 수밖에 없다.

아프리카에서의 핵심 역량은 거점의 완성과 전략적 파트너의 확보였다. 나이지리아로의 법인 이전과 더불어 7개의 지점과 각 국가별로 최고의 전략 거래선을 세우고 그들과 파트너 관계를 오랜 시간을 두고 완성한 것이다. 우리는 한순간의 실적을 따져서 관계 청산을 하거나 복수 거래선을 두어서 거래선들이 장기적 관점에서 시장에 몰입하는 데 방해받는 일을 경계했다. 그 대신 지속적으로 그들을 신뢰하고 지원하면서 시장에서 성공을 거두도록 했다. 이것은 경쟁사들이 결코 단시일에 흉내 낼 수 있는 것이 아니었다.

기업의 운명은 결국 그 기업의 판매에 달려 있다. 판매가 잘되는 기업은 살아남고, 그러지 못하는 기업은 도태된다. 따라서 영업에서 경쟁사들이 갖지 못한 핵심 역량을 확보하는 것은 무엇보다도 중요하다. 상품기획, 광고, PR, 유통, 소비자 접점 활동 등 영업의 다양한 영역에서 어느 한두 분야만이라도 남과 확실히 차별화되는 핵심 역량을 발휘한다면 그것이 그 기업을 살리는 결정적인 일이 될 것이다.

브랜드를
구축하라

이기는 영업의 완성은 브랜드 구축

호랑이는 죽어서 가죽을 남기고 사람은 죽어서 이름을 남긴다고 했지만, 기업은 오래 살기 위해 이름을 날려야 한다. 기업은 브랜드란 이름으로 소비자의 가슴속에 살아 있어야 한다.

우리는 단기적으로는 선점을 통해서 시장에 먼저 진입할 수 있다. 그러나 경쟁사들이 우리의 차별화를 카피하여 경쟁을 한다면 우리는 어쩔 수 없이 핵심 역량이란 필살기로 경쟁사들의 도전을 방어해야 한다. 그러나 핵심 역량도 브랜드와 결합해야만 훨씬 더 강력해진다.

결국 이기는 영업의 완성은 브랜드 구축이라는 거대한 태산을 넘어야 이뤄진다. 대다수의 브랜드는 하루아침에 만들어지지 않는다. 오랜 시간을 두고 조금씩 조금씩 자기의 정체성을 만들어 가는 게 보통이다. 물론 경우에 따라서는 단시일내에 만들어지기도 하지만 말이다. 문제는 한번 만들어진 브랜드는 좀처럼 그 속성이 바뀌지 않는다는 것이다. 따라서 브랜드를 만들어 가기 위해서는 소비자들에게 어떠한 브랜드로 인식되기를 바라는지에 대한 명확한 목표가 있어야 한다.

성자가 되려면 성자처럼 생각하고 행동하라는 말이 있다. 내가 되고자 하는 브랜드로 인식되려면 그 브랜드에 대한 소비자의 기대에 부합하는 상품과 서비스를 제안하고, 지속적으로 일관성을 갖추고 커뮤니케이션을 해야 한다.

모든 브랜드에는 그 브랜드의 속성이 내재되어 있고, 소비자들은 각 브랜드 간의 특별한 가치를 암묵적이든 명시적이든 이해하고 거기에 합당한 가격을 지불한다. 브랜드의 포지셔닝이 바로 그것이다. 동일한 배기량의 중형 자동차를 생각해 보라. 벤쯔, BMW, 토요타, 현대, 폭스바겐, 그리고 기아와 같은 차가 유사한 성능과 사양을 갖추고 있다고 할지라도 소비자가 인식하는 가치는 최저가와 최고가에서 두 배 이상의 차이가 날 수도 있다.

브랜드 인지도 높이기

브랜드 인지도는 매출과 연관성이 매우 높다. 높은 브랜드 인지도는 높은 소비자의 관심을 반영하기 때문이다. 그러나 더욱 중요한 것은 단순히 브랜드를 아는 수준이 아니라 브랜드를 선호하는 수준으로 소비자의 인식을 끌어올리는 것이다. 일반적으로 인지도는 선호도와 정비례의 관계를 가지고 있기 때문에 인지도를 높이는 활동에 역량을 집중해야 한다.

아프리카에서 3%의 인지도를 50%로 올리는 데 결정적인 역할을 한 것은 그들이 좋아하는 스포츠 이벤트를 마케팅에 도입하여 흥행에 크게 성공했기 때문이다. 이처럼 거의 알려지지 않은 브랜드를 일시에 알리는 방법으로는 대규모 이벤트를 기획하는 것이 효과적이다. 그러나 이것은 많은 투자가 필요한 방식이어서 누구나 쉽게 할 수는 없다.

튀니지에서 했던 것처럼 한시적으로 수십 개의 빌보드에 깜짝 광고를 하는 방식도 초기 인지도를 끌어 올리는 좋은 방식이었다. 아직도 개발도상국에서는 옥외 광고가 저렴하다. 돈이 많이 드는 TV 광고보다는 옥외 광고와 간판을 이용하는 것도 매우 효과적인 방식이다.

SNS를 통한 브랜드 홍보는 의외로 후진국의 오피니언 리더들에게 큰 효과를 볼 수 있다. 내전과 폭동으로 얼룩진 이라크와 시리아에서 수백만의 팔로워를 거느린 페이스북을 통한 브랜드 홍보 전략은 브랜드 인지도와 선호도를 올릴 수 있는 매우 효과적인 방안이었다.

그놈의 가성비란 말을 없애야 고급 브랜드가 산다

가성비가 높다는 말을 요즘 흔히 사용하고 있다. 그런데 브랜드 마케팅을 하는 사람의 입장에서 이 말을 좋아한다면 그는 이미 삼류 마케터다. 물론 합리적인 소비자는 가성비 높은 상품을 사야 하지만, 마케터는 가성비가 아닌 만족도 높은 상품을 팔아야 한다. 이 둘은 비슷한 것 같지만 사실 전혀 다른 말이다.

가성비는 영어로 'Value for Money'라고 한다. '지불한 돈(가격) 대비 소비자가 얻는 성능이 얼마나 높나'란 말이다. 즉, 제품을 단순히 성능과 품질로 한정하고 그것에 대해 가격을 비교하는 말이다. 마케팅에서 'Value for Money' 브랜드라고 하면 중급 이하의 것을 말한다. 이는 제품을 성능에만 집중해서 보는 입장이며, 그 제품이 포함하고 있는 브랜드 정서 등은 완전히 무시한 말이다.

제품을 가성비로만 놓고 판매를 하는 시장이 있다. 글로벌 코모더티 시장이 그곳이다. 코모더티란 원유, 철, 비철, 곡류 등과 같이 제품을 일정한 품질 상태로 분류하여 국제적으로 동일한 가격대로 운영하는 상품을 말한다. 그런데 상품의 세계에서는 특정 상품이 브랜드 의존성이 떨어져 가격 중심으로 움직이기 시작하면 보통 코모더티화되었다고 한다. 코모더티화된 산업은 경제학에서 말하는 완전 경쟁 시장에 가까워서 가격 탄력성이 매우 크며, 시장은 이른바 말하는 레드오션이 된다. 아무도 흑자를 내지 못하거나 대다수가 적자를 내는 산업이 된다는 뜻이다. 철수를 심각하게 결정해야 하는 산업인 것이다.

따라서 마케터가 가성비를 운운하는 사태가 되면 그 산업은 이미 레드오션으로 가고 있다는 뜻이며, 레드오션에서는 마케터가 불필요하다. 무조건 코스트를 낮추어야 하기 때문이다. 가치를 창출하지 못하는 마케터는 지체 없이 집으로 보내줘야 한다.

고급 마케팅은 브랜드 마케팅이다

진정한 마케터는 가성비가 아닌 소비자에게 더 많은 만족이란 가치를 제공해야 한다. 여기서 만족이라는 것은 기본적인 성능을 포함한 차별화된 기능, 차별화된 디자인을 뛰어 넘는다. 그것은 무엇보다 브랜드가 가지고 있는 특별한 소속감, 지위, 존경 등을 제공함으로써 그 상품을 구매한 소비자가 지불한 돈 대비 월등한 만족을 갖도록 해야 한다.

모든 고급 브랜드는 이처럼 성능 이외의 가치를 제공한다. 그렇기 때문에 소비자는 동일한 성능의 제품이라도 고급 브랜드와 명품 브랜드를 월등히 높은 가격을 지불하고 구매한다. 이 사실을 정확하게 인지하지 못하면 절대로 고급 브랜드로 성공할 수 없다. 명품 브랜드는 상상도 하지 말아야 한다.

오랜 브랜드 경영의 역사를 경험한 유럽과 미국의 경영자는 브랜드 마케팅의 중요성을 누구보다 잘 알고 있다. 그래서 이를 현실 경영에 적용했다. 세계적인 명품 브랜드가 왜 유럽에 집중되어 있는지 다 이유가 있는 것이다. 그들은 하나의 브랜드에 하나의 포지셔닝을 적용했고 일관된 커뮤니케이션을 통해 그것을 유지했다.

그러나 우리나 일본은 회사 브랜드가 곧 제품 브랜드가 된다. 동일한 회사의 제품이기 때문에 동일한 브랜드를 사용하는 것이 맞는다는 생각이다. 따라서 동일한 브랜드로 여러 가지 제품이 붙어 있고, 각 브랜드는 맨 아래에서 맨 위까지 전 영역에 걸쳐 포지셔닝을 하고 있는 경우가 대다수여서 브랜드의 포지셔닝이 혼란스럽다. 한국이나 일본처럼 상대적으로 좁은 시장에서는 그것이 별로 문제가 되지 않는다. 모두가 아는 브랜드이기 때문에 선택된 브랜드 내에서 자기 취향에 맞는 제품을 선택할 수 있어서 그럴 필요성을 피차 느끼지 못한다.

그러나 세계 무대로 나가면 상황은 달라진다. 다양한 선택의 폭이 주어지고, 브랜드별로 소비자가 인지하는 포지셔닝이 다르다. 만약 자기의 제품이 어느 제품보다도 성능 면에서 우수하지만 고가 제품에서 판매가 잘 이루어지지 않는다면 그것은 소비자가 인식하는 브랜드 포지셔닝에 맞지 않은 가격을 설정했기 때문이라고 보면 된다.

나는 퇴임을 하고 나서도 스마트폰 마케팅을 생각하면 항상 씁쓸해진다. 청소기와 더불어 정말 성공시켜 보고 싶었던 제품이었지만 그러지 못한 회한이 남아 있기 때문이다.

스마트폰 시장에서 살아남으려면 브랜드의 포지셔닝 전략을 제대로 이해하고 실행해야 한다. 휴대폰은 이제 현대인의 필수품이다. 그리고 그 사람을 대표하는 얼굴이다. 누구를 만나도 탁자 위에 올려 둔 스마트폰은 그 사람을 자연스럽게 대변한다. 그런 탁자에 최고급 폰을 올려놓기를 원하는 것은 당연한 일이다. 그래서 자신을 표현하면서도 남들이 가지지 않은 제품을 위해서 고객들은 기꺼이 높은 가격을 지불할 준비가 되어 있다.

피처폰 시장에 '베르투Vertu'라는 브랜드가 있다. 이 브랜드는 음성 통화와 간단한 문자 메시지만 송수신 가능한 피처폰 럭셔리 브랜드다. 손에 착 들어오는 그립감에 완전 메탈로 이뤄진 이 폰은 최소 3천 달러에서 많게는 만 달러도 넘는다. SNS를 하지 않는 전 세계 최고급 인사들만 갖는 럭셔리 폰이다.

스마트폰에 이런 개념을 도입하는 것은 불가능할까? 단 지나치게 작은 니치 시장만을 상대로 하는 명품 브랜드가 아닌, 상위 10%의 소비층을 대상으로 한 초프리미엄 브랜드를 만들어 새롭게 론칭해 보는 건 어떨까? 세계 고급 휴대폰 시장의 비중이 수량으로는 20% 안쪽이다. 그 20%의 10%만을 타깃으로 한다면 세계 휴대폰 시장의 2%를 점유하는 셈이다. 자그만치 3천만 대에 이른다. 이 정도면 이미 글로벌 톱 3 매출에 버금가는 수준이 될 것이다. 이익은 말할 것도 없다. 글로벌 3

위는 중국의 화웨이로 금액으로는 10프로 전후다. 반면에 수량으로 2 프로의 초프리미엄 폰으로 판매한다면 금액으로는 10프로를 상회하는 점유율이 된다. 해볼 만한 도전이 아닐까.

일등을 넘어 일류 브랜드로

우리는 수많은 시장에서 1위를 기록했고 누구나 인정하는 브랜드로 당당하게 자리를 잡았다. 그러나 우리의 지난 성취를 뒤돌아볼 때 가슴 한편에 진한 아쉬움이 남는 것도 사실이다.

나는 그 원인에 대해 곰곰이 생각해 본 적이 있다. 그리고 그 아쉬움은 우리가 추구했던 1등의 정체로부터 비롯된 것이라는 결론을 내렸다. 우리는 우리가 추구했던 일등을 일류로 착각해 왔다는 것이다. 일등은 양적인 개념이다. 즉, 가장 많은 제품을 팔았거나, 가장 많은 매출을 올렸거나, 가장 이익을 많이 내는 것과 같은 것이다. 계량화되어 쉽게 비교 가능한 외형적 기준이라는 점이 일등의 속성이다.

그런데 정작 일류라는 것은 그런 양적인 개념으로는 설명되지 않는다. 양 못지않게 그에 상응하는 질적인 최고를 달성해야 비로소 일류라는 말을 들을 자격이 있다. 그래서 '일등=No1'이라고 한다면, '일류 =First Class'라는 등식이 성립한다.

내가 신입 사원이던 시절에 부장이셨던 분이 이런 말을 했다. '미국이나 유럽의 일류 기업에 가보면 모든 절차와 시스템이 일관되고도 투명하고, 건네는 명함이나 서류 하나까지도 일관된 디자인과 질서를 가지고 있다.' 그 분의 말을 따르지 않더라도 일류는 단순히 실적이 최고가 된다고 달성되지 않는다. 그 회사 내부의 모든 절차와 시스템이 질적 수준에서 최고 수준에 이르러야 가능해진다. 종합적인 우량의 지표인 것이다. 바로 그럴 때 기업은 일류 브랜드라는 훈장을 가슴에 달 자격을 갖춘다.

당연한 말이지만, 일등에서 일류로의 변화는 그냥 달성되지 않는다. 무엇보다 핵심 역량을 갖추고 웬만한 외풍이나 환경 변화에 흔들리지 않아야 한다. 실적이 롤러코스트를 타는 기업은 절대 일류가 될 수 없다. '양의 축적이 질의 변화를 가져온다'는 마르크스의 양질전화법칙을 운운할 필요도 없이, 양의 축적 없이 질의 변화를 기대할 수는 없다. 따라서 우선적으로 탁월한 사업 실적을 안정적으로 달성할 수 있는 역량을 갖추어야 한다.

우리 회사도 일류라는 목표를 향해 힘차게 전진하고 있다. 아직 일등을 하지 못한 영역이 많이 남아 있지만, 일류 달성은 불가능한 목표가 아니다. 이를 바탕으로 글로벌 시장에서 누구에게나 존경받는 기업 문화를 확립하며 초일류 브랜드로의 한걸음, 한걸음을 힘차게 내딛어 갈 것이다.

극진영업 세계시장을 깨다

초판 1쇄 발행 2017년 11월 17일

지은이 ── 류태헌

펴낸이 ── 최용범
펴낸곳 ── 페이퍼로드

책임편집 ── 이우형
디자인 ── 장원석
영 업 ── 손기주
경영지원 ── 강은선
출판등록 ── 제10-2427호(2002년 8월 7일)
　　　　　 서울시 마포구 연남로3길 72(연남동 563-10번지 2층)
　　　　　 Tel (02)326-0328, 6387-2341 | Fax (02)335-0334

이메일 ── book@paperroad.net
홈페이지 ── www.paperroad.net
블로그 ── blog.naver.com/paperroad
포스트 ── http://post.naver.com/paperroad
페이스북 ── www.facebook.com/paperroadbook

ISBN 979-11-86256-94-7 (03320)

· 이 책은 저작권법에 따라 보호받는 저작물이므로 무단 전재와 무단 복제를 금합니다.
· 잘못 만들어진 책은 구입하신 서점에서 교환해드립니다.
· 책값은 뒤표지에 있습니다.